马克思主义与当代中国系列丛书

主　编：程京武　魏传光　陈联俊
编委会：程京武　柏元海　魏传光　陈联俊
　　　　张龙平　田　明　熊　辉　史　军
　　　　江传月　吴　昱　刘文艺

马克思主义与当代中国系列丛书

丛书主编：程京武　魏传光　陈联俊

马克思主义认识论新探

—— 现象学的尝试

何　涛　著

暨南大学出版社
JINAN UNIVERSITY PRESS

中国·广州

图书在版编目（CIP）数据

马克思主义认识论新探：现象学的尝试／何涛著. —广州：暨南大学出版社，2023.10
（马克思主义与当代中国系列丛书）
ISBN 978 - 7 - 5668 - 3788 - 2

I. ①马… II. ①何… III. ①马克思主义哲学—认识论—研究 IV. ①B023

中国国家版本馆 CIP 数据核字（2023）第 203538 号

马克思主义认识论新探：现象学的尝试
MAKESI ZHUYI RENSHILUN XINTAN：XIANXIANGXUE DE CHANGSHI
著　者：何　涛

出 版 人：张晋升
丛书策划：李　战
责任编辑：黄　颖
责任校对：张学颖　林玉翠
责任印制：周一丹　郑玉婷

出版发行：暨南大学出版社（511443）
电　　话：总编室（8620）37332601
　　　　　营销部（8620）37332680　37332681　37332682　37332683
传　　真：（8620）37332660（办公室）　37332684（营销部）
网　　址：http：//www.jnupress.com
排　　版：广州市新晨文化发展有限公司
印　　刷：佛山市浩文彩色印刷有限公司
开　　本：787mm×1092mm　1/16
印　　张：15.75
字　　数：230 千
版　　次：2023 年 10 月第 1 版
印　　次：2023 年 10 月第 1 次
定　　价：68.00 元

（暨大版图书如有印装质量问题，请与出版社总编室联系调换）

总　序

党的十九届六中全会指出，马克思主义是我们立党立国、兴党强国的根本指导思想。马克思主义理论不是教条而是行动指南，必须随着实践发展而发展，必须中国化才能落地生根、本土化才能深入人心。马克思主义为什么能够在中国取得成功？这个问题的答案既来自于马克思主义本身，也来自于中国的实际，关键在于马克思主义能够与中国的实际相互结合！所以，对马克思主义与中国实际的结合研究关系到能否正确认识中国共产党为什么能、中国特色社会主义为什么好以及马克思主义为什么行。马克思主义为什么行是因为它指出了光明大道，只有沿着这条道路走下去，人类才有未来；是因为马克思主义理想不是空中楼阁，可以通过实实在在的努力去实现；是因为马克思主义理论随着时代的发展不断发展，始终保持着生机和活力。

当前世界形势动荡变革，多重因素叠加，给国际局势带来的不确定性大大增加，如何在多变的政治格局中站稳脚跟，坚定方向，是中国必须要面对和解决的问题。西方国家出现的自由之乱、民主之困、人权之苦，反映其价值理念存在缺陷，西方价值观已经失去了历史进步性，成为困扰西方社会发展的思想之源，要对其进行全面的批判性反思，才能找到革除弊病的良方善政。马克思在资本主义产生之始，就深刻地发现了资本主义制度的深层问题，穷其一生进行理论批判和实践革命，为全世界无产者和人类社会找到理想道路。无数的共产主义者选择马克思主义，并对其进行不断的推进和发展，取得了丰硕的成果，让马克思主义在不同时代发出理论光芒，照亮前行之路。中国共产党从一开始就将马克思主义写在旗帜之上，用真理的力量激励着千千万万的革命者抛头颅、洒热血，用生命书写出一篇篇壮丽的史诗，成就中国革命的伟业。无论是革命时期，还是社会主义建设时期，中国共产党都用其透彻的理论指引和实践探索证明其符合最广大人民群众的利益，不代表任何利益集团、权势团体和特权阶层的需要。从改革开放伊始，马克思主义与当代中国的结合更加深入，反映了马克思主义与中国实际的内在关联。改革开放取得举世瞩目的伟大成就，归根到底是坚持马克思主义治国理政的指导思想。中国特色社会主义道路取得巨大成功，就是由于坚持马克思主义的发展规律，脱离马克思主义与当代中国实际的结合，革命和建设事业就可能出现挫折和失误，这是历史经验教训的深刻启示。

作为马克思主义理论研究者，要将政治性与学术性相结合，既要确立正确的学术立场，破除长期以来对西方哲学社会科学理论的崇拜和模仿，坚持"四个自信"，也要善于从中国的实践中提炼中国理论，用中国理论来阐释中国实践，逐步形成中国实践与中国理论的良性互动机制，不断促进中国理论的升华，提升中国实践的影响。中国理论要及时回应中国实践的需要，不能隔靴搔痒、无病呻吟、自说自话、哗众取宠、画饼充饥，而要切中要害、入骨三分、发人深省、高瞻远瞩、凝心聚力，要在中国实践中推动理论自信，体现中国理论的主体价值，将理论价值转化为主体自觉，在无数个体的中国实践中发出中国声音，引领世界的价值走向。理论与实践转化越通畅，越能给社会发展带来正面效应。中国理论与中国实践的相互转化要经过自上而下的动员机制和自下而上的提炼机制。从动员机制来说，要破除西方理论中心论和功利主义的价值追求，将当代中国马克思主义、二十一世纪马克思主义作为中国理论的指导思想，站稳理论立场。从提炼机制来说，要防止经验主义和事务主义倾向，注重把握实践的价值导向。

暨南大学马克思主义学院始终坚持"马院姓马，在马言马"的政治导向和办学原则，为巩固马克思主义在意识形态领域的指导地位，不断推动马克思主义与当代中国的紧密结合，开展了大量研究工作。一方面是回到马克思主义经典著作，从经典作家的思想中寻找理论根基，廓清理论迷雾，拨开理论迷障，展现理论魅力；另一方面是紧密联系当代中国社会发展，从现实社会问题中寻找实践依据，搜集实践资料，提炼实践规律，推动实践发展。经过多年的努力，取得了系列成果，获批多项国家级重大项目，在国内权威期刊连续发表高质量学术论文，思想政治理论课教学取得了良好成绩，马克思主义理论学科排名持续上升，在国内产生了一定的学术影响，体现出暨南大学马克思主义学院教师的学术素养和学术水平。本套丛书展现了学者研究风貌的不同视角，希冀同行专家批评指正。

主　编

2022 年 3 月

目 录
CONTENTS

第二部分　马克思主义认识论的主要概念

引　论

伟大科学理论诞生的前夜，认识论率先登台。在伽利略卓越的科学著作中，我们会看到他关于认识论的思考，他表明自己充实哥白尼假说的目的之一是要简化天文学，"而不是由于自然界必然是如此"①。这不仅是对其理论工作目标的说明，也是对认识活动本身在自然界承担角色的说明。伽利略之后，近代哲学之父笛卡尔开创了心物二元论，这一思想后来演化为主客对立的哲学，他的《谈谈方法》《探求真理的指导原则》都是认识论方面的专门著述。在数学及物理学领域的杰出人物中，莱布尼茨、波尔查诺、亥姆霍兹都有丰厚的认识论著述。在政治学、经济学、心理学领域中，洛克、休谟、穆勒、马赫都以认识论见长，他们的认识论支撑或佐证了他们的思想创见。在马克思主义研究领域中，认识论问题一直受到重视，无论是物质与意识、客体与主体，还是实践与认识等问题，都与认识论紧密相关。狄慈根说："一切科学的基础在于对思维过程的认识。"② 对思维过程的认识，就是指认识论研究。他的这一论断意在表明认识论研究是其他科学的基础。马克思和列宁很赞同狄慈根的这一观点。狄慈根是马克思主义哲学领域中以认识论研究为主的哲学家。在神学论证和权威言说

---

① ［意］伽利略著，周煦良等译：《关于托勒密和哥白尼两大世界体系的对话》，北京：北京大学出版社，2006 年，第 2 页。

② 《狄慈根致卡尔·马克思》［1867 年 10 月 24 日（11 月 7 日）于圣彼得堡瓦西里岛］，见《工人哲学家约·狄慈根》编写组：《工人哲学家约·狄慈根》，上海：上海人民出版社，1977 年，第 97 页。马克思十分赞同这个观点。狄慈根还明确地说过："哲学的重心在于解释人的思维过程；认识论应当成为哲学家的专业。"列宁对这个观点很重视。（《工人哲学家约·狄慈根》，第 83 页）

不再被视为科学的基础之后，新的理论如果缺乏认识论方面的阐明，说服力就显得不足。

认识论的重要性不言而喻，近代很多哲学家的著作都是研究认识论问题的，除前面提到的哲学家外，还有人们熟知的贝克莱、孔狄亚克、康德，都以认识论研究著称。由此可以说，认识论研究代表了近代哲学的整体风貌。近代认识论在黑格尔之后式微，但并没有消失，而是发生了转向。我认为，认识论从 19 世纪中后期开始，至少转变为三个流派：一是以马赫为代表的实验心理学派的感觉的生物学研究，二是以布伦塔诺、胡塞尔为代表的心理学和现象学研究，三是以维特根斯坦为代表的逻辑语义学和语言哲学研究。第一个是自然科学派的，第二个是纯粹分析派的，第三个是逻辑哲学派的。由此可以说，现象学是认识论的继续。在影响广泛的现象学运动中，现象学的奠基者胡塞尔的哲学著述大部分属于认识论研究，其晚期思想中就有"现象学作为彻底的认识论"[①] 的观点。他的认识论研究的思路、方法和目的与近代哲学家有所不同，他推进了认识论研究，在思路上将对认识的整体形态和构造的研究推进到了对纯粹的意识及其形式的研究，在方法上执行了无前提性的方法，在目的上则是为了达到更具彻底性的认识，以此满足更高的认识需求。胡塞尔的这些立场主要受三个人的影响：数学家魏尔施特拉斯、哲学家布伦塔诺、数学家波尔查诺。魏尔施特拉斯是数学分析学的奠基者，也是胡塞尔的老师，他提示胡塞尔可以将哲学、伦理学变成精密的学问，胡塞尔将哲学改造为精密科学的思想理念就来源于此。布伦塔诺也是胡塞尔的老师，他将哲学概念回溯到直观源泉上的做法影响了胡塞尔处理哲学概念的方式，他还影响了胡塞尔哲学探索的问题域，也引导胡塞尔重视波尔查诺的思想。波尔查诺将心理学排除于逻辑学之外的思想、数学理论的精确性意识，影响了胡塞尔哲

---

① ［德］埃德蒙德·胡塞尔著，王炳文译：《第一哲学》（下卷），北京：商务印书馆，2017 年，第 693 页。

学探索的原则。

国内学人引介、研究认识论的著作很多，马克思主义认识论的研究成果也有不少（详见第二章第二节），但这些研究的意义并没有被人们深刻地意识到，问题也没有得到较好的澄清。在我看来，认识论研究具有两个方面的意义：一是服务于精密科学的思考和建设，二是服务于伦理的建设。要将认识论的这两个作用发挥好，需要做很多基础性的工作。首先，需要研究不同思想家、哲学家、哲学流派的认识论思想及历史，考察已有知识成果中蕴含的认识论问题；然后，借鉴已有的思想和认识，寻找其中存在的矛盾和问题，确立认识论的工作目标、研究对象、研究类型，尝试建立认识论研究的基本原则和范式，从而形成一门认识论的科学。因此，研究认识论的历史及马克思主义认识论，澄清其中的问题和矛盾，属于认识论工作的任务之一。

胡塞尔的现象学研究对一些认识论问题有着细致入微的考察和分析，其中包含值得我们借鉴的思想观念和方法。在这些思想观念和方法的启示下，重新研究马克思主义认识论，澄清认识论中的一些问题，这对于从根本上帮助人们形成能够满足更高理论需求的科学思维素养、促进认识论及相关科学研究、加深对马克思主义哲学及思想的理解而言，是值得尝试的有益工作。

近些年，从现象学出发研究马克思主义思想的论著不断出现，但从现象学认识论的角度研究马克思主义认识论的著述却很少见。之所以如此，可以归结为两方面的原因：一是国内从认识论立场研究现象学的论著很少，如果没有看到现象学的认识论向度，就难以看到现象学与马克思主义认识论之间的契合点；二是过去的认识论研究已经难以满足新的认识需求，难以取得新的进展，对认识论及马克思主义认识论的研究热潮已经退去。我尝试以现象学的理念或方法研究马克思主义认识论，正是因为看到了现象学的认识论向度。在现象学的开端者胡塞尔那里，现象学是一门关于认识论的科学研究，它是朝着认识的系统化目标前进的，这一目标反映在现象学对科学化认识的彻底性研究上，因为要形成更具系统化的认识，它必须前进得更为彻底，这样才能构建得更为牢固，系统化和彻底性是同一回事的不同说法。简言之，这样的现象学就是认识论。现象学作为认识论时，它要为科学进行奠基，因而这样的认识论就成为科学最为基础和最为主要的部分，因此，它被称为第一哲学。基于这些认识，以现象学（现象学认识论）理念进行理论研究时，就意味着要对已有理论所涉及的论述进行更为彻底的澄清。只有认识得更为彻底，科学的解释系统才能建立得更为牢固，在这个意义上，认识论进行的工作是科学基础的研究。不仅胡塞尔是这样认为的，马克思也是这样认为的。马克思的看法体现在其对狄慈根认识论著作的批注中。这进一步说明了，从现象学研究马克思主义认识论是可行的。就此研究而言，研究的着眼点即在于寻找其中的彻底性和系统性究竟体现在哪里，体现在何种层次，或如何推进其认识的彻底性。

在思考哲学问题和研究认识论问题的过程中，胡塞尔、马克思、恩格斯、列宁、狄慈根等哲学家的思想都对我有不同的启发，如果我自己的这些思考一直以来在目的、原则、架构上是一贯的和统一的，那么就意味着这些哲学家的思想可以建立在同一个解释平面之上，或锚定在同一个解释点上，这也进一步意味着可以找到他们的认识具有的共同的形式内核。而对认识的形式内核的探索，是认识论研究的必要工作，它们要么是认识目的的相通性，要么是认识对象的一致性，要么认识的方法或原则是一样的，或者它们都蕴含着共同的未解决的或被忽视的问题。只要在研究中能够抓住其中的一个方面，就可能在理论探索方面有所收获。当然，这只是一个美好的愿景，因为以现象学的理念研究马克思主义认识论是一个新课题，也没有现成的经验和方法可以遵循，所以这里只能先做一些基本的工作，即尝试对其中的一些基本问题和概念予以澄清，而现象学的理念对于澄清其基本问题和概念恰好是适用的。我希望能以这样的工作，助力于人们在理论问题的思考过程中形成清晰的辨析和操作概念的习惯，助力于人们精确地理解相关的哲学问题，如果在这些工作中能有意外收获，就更不算白费工夫了。

基于上述这些想法，本书以辨析问题和概念为主。在本书的论述中，首先面临的问题是如何界定马克思主义认识论。相对而言，这比界定什么是现象学认识论要复杂一些。为了界定这个问题，首先需要厘清两个概念，一个是认识论的概念，一个是马克思主义的概念。对认识论概念的理解目前仍不是明晰和统一的。不明晰的概念不仅难以使人理解认识论真正的研究对象，也将很多有价值的思考置于认识论的视野之外。例如，一谈到认识论，一些学者认为认识是主体对客体的作用，而这只是认识论研究过程中所构建的几种理解方案中的一种。实际上，主体对客体的作用也不只是形成认识论这一门学问，人类的很多活动都可以视为主体对客体的作用，但对这些活动的研究不能都称为认识论研究。况且，初始概念或某一门学问的基本概念，若不是经过历史的认可，就需要详细辨析予以界定，而国内学人在标新立论之时，往往孤句盖全篇，读者不可能对其意一望即知，如果一望即知，说明其没有真正的新意，因此，详辨概念在我们的工作中必不可少。这些思考迫使我在界定马克思主义认识论之前，先要界定什么是认识论。马克思主义这一概念具有双重维度，不仅有具体的思想、理论、立场、目标的维度，也有基于此的继承和发展的维度。这两个维度的关系很容易被混淆，因此需要梳理后再对马克思主义认识论进行界定。由于马克思和恩格斯没有专门的认识论著述，所以，马克思主义认识论只能是从其思想中发展出来的认识论，因此，我也是从发展的维度来界定它的含义的。由于它是从马克思主义的思想中发展出来的，而发展可能是多维度的，所以，对它的定义也是多维的，因此，我们只能在某些维度开展研究工作。根据这些理解，我在第一章讨论了认识论的定义；在第二章第一节梳理了马克思主义的定义，第二节讨论了马克思主义认识论的含义。

在马克思主义认识论这一概念被界定之后，我们才便于谈论以现象学的理念或方法进行此研究的可行性。由于现象学流派较多，所以我们也需要将本书所讲的现象学与其他的现象学区分开来。本书中的现象学指的是胡塞尔所创立的、立足于认识之彻底性研究的现象学，也就是作为认识论的现象学，也可以称为现象学认识论。这部分内容本应该放在第一章去讨论，如通行的哲学研究著作那样，应该先交代一下现象学的视野或某某研究视野究竟是什么，然后再展开写作。但由于在谈到现象学认识论和马克思主义认识论这两个概念时都要涉及什么是认识论的问题，而且人们对这两个概念的认识也存在争议，及存在认识上的模糊之处，所以，综合考虑后，将认识论概念的讨论放在了第一章，而将现象学认识论的讨论放在了第三章。

在第三章前三小节对研究理念予以相关讨论之后，在第四节讨论了以现象学研究马克思主义认识论的切入点。这些切入点是物质与意识、客体与主体、实践与认识、真理与谬误这四组基本概念或问题。对这四组基本概念或问题的澄清、分析、理解，构成了第四章到第七章的内容。反映与构造这组概念，我把它们融合在实践与认识的论述中，因为它们是与之紧密相关的，必须结合起来进行论述；思维与存在这一组概念，也是不能舍弃的重要问题，这一组概念及相关论述，是融合在物质与意识这一组概念中进行讨论的，因为要讨论马克思主义认识论中的思维与存在问题，必然要讨论物质与意识概念，反之亦然。因此，在研究中实际上涉及了六组重要范畴。其他一些附属概念在这些研究中也有澄清。当然，以后对该主题的研究或许还会发现更好的切入点。

本书最后一章，陈述了研究之后我认为比较重要的一个小收获。我认为，可以将以往的认识论进行一个新的划分，通过内在认识论与外在认识论这样的划分，可以使以往对立的认识论走向新的统一。这是我在试图统一现象学认识论和马克思主义认识论的思考中形成的一个构想，也是我对整个认识论的历史形成的一种理解方式，如果不研究马克思主义认识论，我可能形成不了这种构想。没有对立，认识就不会产生更高的统一，理论的相异在认识的历程中是必然存在的，它实质上是更高的认识需求的体现，各执一方，互不相让，不是解决矛盾的途径，只有通过对方才能更清楚地认识自己的理论缺陷，才能更清楚地认识自己的理论优势，最终方能在认识上走向更高的统一。

在研究方法上，现象学还原的方法和本质直观的方法只适用于部分概念，或者说在某些考察层次上是适用的，因为对问题的考察层次不一样，方法也就不一样。相应地，将马克思主义认识论导向现象学认识论以研究现象学意义上的意识构造问题是没有意义的，因为前者的理论任务和后者是不一样的。但是，如果我们在研究马克思主义认识论的过程中试图在更深的层面去理解感性、理性、抽象、时间、空间这些概念时，我们就进入了现象学研究。对认识的更为细致的形成过程的研究是现象学的工作，如果我们无视这一点，对二者进行"格义"式的研究，那可能只是在从事一种无足轻重的解释工作，这样做如果不能推进认识的细致化或系统化，那就是枉费工夫，这是本研究要克服的。在涉及对形成认识的基本部件（如统一、同一、是、否、相似、对立等这类基本概念）的分析时，我们才需要通过现象学还原和本质直观的方法来获得对它们的彻底性认识，而在其他情况下，我们使用常见的方法就够了。为此，我总结应用了理解概念的三种方法（详见第一章第三节）：第一种是追溯词源的方法；第二种是从对立的角度去理解概念的方法，即以辩证的方法理解概念；第三种是从经典文本中剖析概念的方法。此外，本书还用到了"耦合法"。因此，本书不是现象学方法的展示，而仅仅是现象学理念的贯彻。

哲学研究本不具有特定的方法，如果哲学思考没有很好地解决问题，没有恰如其分地描述事物的关系、变化和发展，则它使用的任何方法都不具有合理性。为了解决问题，它探索和形成方法。因而，本研究中的方法，都是权宜之计，细致、深入地去思考问题，是科学研究和哲学研究应遵循的原则。

第一部分

认识论、马克思主义认识论、现象学的含义

第一章　认识论的定义

为方便论述，先摆出我对认识论的基本看法：认识论是对认识活动的哲学研究或科学研究。

第一节　对认识论进行定义的出发点

我认为，在整个科学系统中，认识论应对标于自然科学、社会科学、形式科学。与后面三者相比，它是尚未完善的科学知识，以至于在近几百年的哲学史中，它都没有形成统一的用词。人们模模糊糊地知道有这种知识，哲学家兴趣盎然地在需要这种知识时顺带探索一番，却没有系统化地推进它。它的英文用词 epistemology 则在近些年才开始流行。[①] 自然科学的划时代人物、社会科学的创立者、杰出的数学家都对认识论问题进行了思考，这说明从事基础研究的思想家们需要对自己的思想言说予以进一步的奠基或有兴趣于认识论方面的探索。如果说自然科学研究的是自然世界，那么认识论研究的是人们怎样认识自然世界，或这种对自然世界的认识是怎样产生的问题。由此可见，认识论需要以这些门类的知识及产生这些知

---

① Jan Woleński, The History of Epistemology, in Ilkka Niniiluoto et al（eds.）, *Handbook of Epistemology*, Dordrecht：Kluwer Academic Publishers, 2004, p. 3.

识的背后的东西或思维的东西为研究对象。它要像自然科学那样形成精密、严格的认识，或者说它要成为一门在大学里可以有章可循地进行教授、可以循序渐进地发展的科学，则还需要时间。如果哲学家们不是为了这一目标而努力，而只是为了给自己的理论做出一种解释，那倒可以用很简短的话总结归纳完成，只要能对其理论做进一步解释就可以了。若要使之成为一门可持续推进和发展、便于教授和学习的精密科学，则不能止步于此。

在哲学门类中，认识论、形而上学（本体论）、价值论（伦理学和美学）被视为三大主干。后两者的思考和发展已产生了诸多科学。在这种划分中，后两者实质上对应了自然科学（自然哲学）和社会科学（伦理学）。由此来看，认识论则似乎可以对应于数学或形式科学。这种对应在这样的思考中似乎是成立的，即卓越的数学家们对认识论问题有很多研究：数学家莱布尼茨（G. W. Leibniz，1646—1716）、笛卡尔（R. Descartes，1596—1650）、亥姆霍兹（H. Helmholtz，1821—1894）、波尔查诺（B. Bolzano，1781—1848）都曾有认识论方面的丰厚著作；古希腊数学家毕达哥拉斯（Pythagoras，前580至前570之间—约前500）和芝诺（Zeno of Elea，约前490—约前436）都有对认识论问题的思考。由于数学遍布自然科学和社会科学的领域，人们根据问题的需要而不断发展出来新的数学分支学科，数学随着自然科学和社会科学的发展需要而不断发展，在其发展中，问题处理方式的变化和形式要求的变化实则都是认识论研究的问题，这些问题目前在数学思想史、数学哲学、形式美学这样的著述中有被研究和讨论。但数学中的认识论问题不是认识论研究对象的全部，实质上，认识论的研究对象包括所有知识和它自身。因为当今哲学主干的分类并不是按照同一标准划分的，所以由此不能断定认识论的研究对象与其余二者处于同一层级。后两者的对象分别是自然世界和精神世界，这是在较为古老的认识阶段就形成的划分，是历史性的认识成就。而前者的对象是人类的认识及认识活动，它既可以以研究自然世界的方式去处理，如今天研究认识活动的神经认知科学那样，也可以以研究精神世界的方式去处理，或以哲学研究的方式去处理，如传统的哲学意义上的认识论那样。因此，认识论不是与形而上学和价值论平行的学科，它是这二者的支撑学科，因为后两者都是人类认识的产物。认识论的研究对象与数学相似，但又有所不同。认识论可以最终追溯到神经机制方面的研究，而数学深入到形式层面就完全够了。大数学家们对数学基础的思考，最终实际上是一个认识论问题。数学与自然科学和社会科学的研究对象也不处于同一层级，前者的对象是形式，它并没有自然世界和社会生活世界的实在的对标物，后两者可以逼迫数学解决它们的问题，但在实质的学理上却并不直接支撑数学认识的发展，而数学的发展则可以支撑和改善后两者。按照一门科学应有的完备序列，每门科学都有它的史学、哲学，因此每门科学都应有它的认识论，还必然有自己的数学、语法等。但是，具体科学中探讨的认识论问题与哲学研究的认识论问题是不一样的。前者讨论建立理论的知识原则和认识的诸种可能性如何能够得以确立的根据，或讨论获取知识的方法就足够了。而哲学中的认识论研究则一直在努力给出关于认识的普遍范式，这不仅常见于哲学史研究中，更是出现在语言哲学、心灵哲学的研究中。语言哲学、心灵哲学，甚或科学哲学等，是职业哲学家常见的研究主题，虽都涉及认识论问题的研究，但研究方法和目标不尽统一。当今职业哲学家的这些认识论选题可能无助于推进诸科学的知识发现，因为职业的科学家和他们的学生在著述中几乎不关注这些哲学家的观点，引用古代认识论观点的情形倒是可以见到。也是因为其学科内的知识早已将所需的认识论立场融贯其中，科学家通过揣摩过去的科学成果而确立自己的研究范式和原则，所以无须专门的认识论学习便可在其学科领域获得新颖的理论发现，除非职业哲学家在这方面的思考有革命性的突破时才有助于科学知识的发现和确立。所以，目前要想获得有利于科学发展的有效的认识论教义是很难的。

鉴于目前对认识论概念尚缺少严密详细的论述，借用前人论述已无法满足我们的认识需求，我在之前的认识论著作中也没有详细讨论过认识论概念及其科学化的问题，所以，在本书中需要周全地辨析一下认识论的定义。并且为了获得哲学基础性认识的自足性、自发性、自觉性，这个辨析过程不能再以前人的观点为基础，只能以相对独立的方式进行。理解或认识的过程，只有满足了自足性、自发性和自觉性，才有可能成为相对具有彻底性的认识。如果我们对认识论的定义理解不清，或一直犹疑不定，那就会影响我们对各种不同的认识论派别的理解，这对将来建立一门认识论的专门科学而言，是极其不利的。

对于认识论的定义，哲学家们的理解不尽相同，这里的工作正是针对这种莫衷一是而进行的。某类研究的总概念的定义并非一成不变，而是在研究中随着认识的提升和扩展而逐步确立和精确化的，因此，认识论概念也是在其研究历史中不断形成的。不必自喜于发现了过去的缺憾，也不可能限制认识论未来的发展，更不可能获得一劳永逸的认识。由此而言，我们不是一开始就追求定义的完善性，而是在分析和讨论中将其逐步精确和完善的。同时我们也需要认识到，缺乏讨论或辨析过程的精确性和完善性是没有办法理解和使用的，正如食物不经过味觉就感受不到味道一样。

认识论研究对科学研究具有基础性作用。不仅康德（I. Kant，1724—1804）等哲学家这样认为，恩格斯（F. Engels，1820—1895）也坚持同样立场。康德的认识论著作《纯粹理性批判》的目的之一就是为科学奠基，以回应休谟怀疑论的难题。休谟（D. Hume，1711—1776）否认了因果规律的绝对客观性，认为这只不过是心灵联想的产物。恩格斯认为，自然科学家的研究态度是受某种哲学支配的，这种哲学就是"某种建立在通晓思维历史及其成就的基础上的理论思维形式"①。对思维历史及其成就的通晓过程，在我的理解中，意味着不仅要掌握前人思想和方法等方面的成就，也要对这些思想和方法的形成路径予以考察，意味着后者以前者的形成过程或某种形态作为研究对象而进行研究，而对理论思维形式的研究，实质

---

① 参见［德］恩格斯：《自然辩证法》，北京：人民出版社，2018 年，第 69 页。

上就属于认识论研究，所以这里的某种哲学指的就是认识论。胡塞尔（E. Husserl，1859—1938）在其晚期思想中将认识论作为第一哲学提出来，意义即在于将认识论视为其他所有科学的基础，这实则是在以明确的认识论概念表述他前期和中期的现象学研究的意义，在此之前，胡塞尔所主张的现象学要为科学奠基的理念，实则就是以现象学意义上的认识论对科学进行奠基。勿需赘言，就可以说，认识论作为科学的基础研究是一流智士的共识。

对认识论定义的理解需要明确其涉及的概念的含义。大多数人可能同意这样的观点："认识论是关于认识的本质、规律和形式的学说，它以人的认识及其发展作为考察的对象。"① 这种看法从整体上来看是合适的，但深究起来，该定义中的本质、规律、形式这三个关键词在人们的理解中并不明确，人们对理解这几个关键词的方法也没有明确和统一，这直接导致了对这三个抽象概念的理解会产生歧义，因而致使人们不能真正理解这样的认识论研究所要达到的较为明确的目标。此外，什么是认识也是一个值得探讨和辨析的问题。认识毕竟不同于自然世界的对象，它是对自然世界的对象的认识，如果我把自然世界中的对象称为第一客体，那么，认识作为对象，就只能是第二客体，当第二客体作为认识时，表示的是对第一客体的认识，所以当其作为认识对象时，只能称之为第二客体，因为它是建立在第一客体之上的，它与第一客体肯定是有差别的，所以不能混同起来。对于第一客体，我们可以谈论其具有什么样的本质，但对于第二客体（认识）而言，能否谈论其本质是存疑的，即使用本质这个词去表述对它的研究，其含义也不能等同于自然客体的那种本质。在我的思考中，这两种客体的研究方法、研究目标不应该一开始就混同起来。

研究这些相关概念，本来也属于认识论的任务，但以往对这些概念却很少有明晰的讨论。在哲学研究中，有些人用厚厚的一本著作去研究一个基本概念，这样做固然有其意义，但同时也说明这样的概念已经充满了歧

---

① 李景源：《认识发生的哲学探讨》，北京：中国社会科学出版社，2016年，第3页。

义，含义被人们模糊化了，难以简明扼要地说清楚它，因此才需要重章叠字。试想一下，如果哲学的基本命题需要人们阅读几本著作才能理解，那传播思想的过程中，这样的表达效率也就太低了。如此一来，这些概念可能要被人们逐渐放弃使用了，因为其歧义太多已不适于精确的表达。对于这些基本的概念，利用经验归纳的方法难以形成统一的理解。因为要利用这种方法形成统一的理解，至少需要共同的经验或理解基础。在经验基础上理解这类概念，需要将其与自己真切的认识体验严密地关联起来，并在坚实而明晰的系统化认识中确立其意义，就像通过坐标系描述点的位置或曲线的变化那样，才可能获得准确的理解。经验要素的缺失及构造系统的不严密，都会使得对它的理解和认识变得困难，因而也就难以获得统一的理解，况且，经验是不断变化和扩展的，这才是我们的认识逐渐变得不确定的原因。认识的历史构成使得相关术语充满歧义，但这并非是全然不可解决的困难。我们通过对科学系统的考察，至少可以获得一些解决的思路。诸门科学的概念是在整个系统中呈现的，系统是其认识前提、结构要素、建构原则、理论目标的统一体，是理论的规矩，理论是要素或概念的关系，方法是系统中相对于特定目的而言的要素的结合方式，因此，无论是何种认识论的定义，对它真正有效的理解都需要可行的方法和对与其相应的理论系统的认识才能完成。

我们接着恩格斯的话继续讨论。虽然通晓思维的历史及其成就是认识论研究的必要工作，但我们不可能通过总结所有的认识成果及认识论研究的成果就能形成科学化的认识论概念。这种总结和概括有时候是必要的，但并不意味着就能形成有利于我们展开研究的总概念，它仅仅意味着我们要熟悉一门科学产生之前的历史，以避免忽视过去的意义，避免做重复的探索，避免过去的差错，甚至希望能够获得一些思路。不同类型的认识论有不同的认识目标和前提，它的问题和概念产生的起点不一样，研究方法也不一样，由于这些不同之处，对其观点的总结和概括就难以真正形成统一的认识论概念。即使以这样的方式形成了相应的总概念，它也只能作为研究的提示与参考，需要在研究进程中对它进行分析和考察，需要究查它是否能满足我们的认识需求。

但在研究之前，我们总会对概念有所规定，这就形成了做法上的矛盾，即定义所面临的不合适的境遇与我们不得不采取这种做法之间的矛盾。然而正是这种做法产生的矛盾，才使我们看到了在主观上借以克服它从而使认识得以进步的契机。通过对它的克服，恰恰可以推进我们的研究，而不是由于碰到矛盾和困难而止步不前。如果在认识中没有矛盾，就要去发现矛盾，或"制造"矛盾，使双方的实质在对立中能够彼此被激发出来，然后才能在矛盾双方的对立中看到问题的实质，从而才能真正地推进认识。因此，自相矛盾并不可怕，可怕之处不在于分析和解决矛盾时遇到的困难，而在于抛弃矛盾。

因此，我们需要在系统地开展研究时首先确立一个定义，然后展开对它的分析及研究，以逐步断定这样的规定是否有利于我们的研究，而后谋求将其修改和变更为有利于我们开展研究的较为合适的定义。在这个过程中，也需要不断在含义的对立中确立术语的含义。尤其对于抽象的概念或术语而言，由于抽象可以是反向的，所以必然存在与其对立的含义，如果使含义处于对立的状态中，就能使我们更清楚地明白这些概念的含义。

然而，通晓理论思维的形式并不意味着就能形成科学化的认识论概念，尤其是在我们对认识论研究产生了更高的理论要求时更是这样。我们不仅要以发展的眼光看待社会，更要以发展的眼光看待人自身及其理论需求，看待概念的含义。在不同的理论需求下，对理论思维形式的理解和处理是不一样的，含义、意义和理论需求在认识的展开中是逐步发展和变化的，如果没有看到这些发展和变化，也不能算是充分地理解了概念。概念不应该只是包含过去和现在所需要的含义，也潜在地包含将来的含义，或者说要为其发展留下空间，因此也意味着为认识的发展留下了空间，避免认识的僵化，这样，概念在认识活动中就能够发挥更多的功能。因此我们也可以说，概念是运动的。在运动着的概念中，概念的准确含义是在包含概念的认识系统中彼此确立起来的，孤立的概念难以确定其准确的含义，而"准确"在这里也意味着其在某一认识系统中的准确，不是孤立地确定自身的那种准确，即我们通常所说的独断。因此，科学化的认识论概念，在系统化的认识中才是有明确意义的。

在研究的开端，以最简要的看法，我们将认识论视为对认识活动的哲学研究或科学研究。形成这一看法有诸多方面的考虑，这里不再赘述，其关键原因在于这一看法方便我们对这一定义逐步做出清晰化的解释，而我们的研究必然也需要本着能够清晰叙述和解释的思路才方便展开。如果自己不能清晰地解释自己的定义，那么，这样的做法也难以在别人那里获得更好的理解。

对于我初步确立的这一定义，需要做三个方面的澄清。在这里，哲学研究和科学研究是等义的，之所以是等义的，是因为哲学这个词在明确的含义中可以指科学，这是哲学在西方哲学史发展脉络中应有的含义。相应地，解释科学这一概念，也有助于我们更为明晰地理解哲学这一概念，它们之间的含义有相同之处，也有对立之处。但同时，我们也需要对认识活动这一概念做出阐明，因为这是我们的研究对象。

在命题中，谓词是对主词的展开，因此，在解释中，对谓词的解释应先于对主词的解释。我把这个原则称为"谓词在先"的解释原则。按照谓词在先的原则，我们在对认识论概念进行阐明的过程中，需要依次阐明哲学、科学、认识活动这三个术语的含义。

第二节　哲学的两类含义

我们首先要探讨的哲学这个概念对将要进行的整个研究而言是非常重要的。哲学史的发展不仅使我们有幸博览到丰富多彩的思想，也使得哲学这个术语充满歧义，为此，在研究诸如"什么是认识论"这样的基础问题时，就需要我们去辨析和界定哲学这个术语，以尽可能地恢复其本来的含义或通过一定的方法确立一个公允的含义，从而服务于清晰化的证明或论述过程。一个概念既有历史的成分，也有当下的含义，还有未来的意义取向。我们往往是以概念过去的含义为起点，以此逐步校准当下的含义，再由此保持和发展它的含义，从而尽可能统摄未来的意义。因此，我们选择从哲学史出发来探讨它的含义，这在最为忠实的哲学史研究中可以找到一些线索。

一、明确的和不明确的含义

在严谨而富有条理的《哲学史教程》中，文德尔班（W. Windelband，1848—1915）通过研究首先指出："φιλοσοφεῖν 和 φιλοσοφία 两词在文献中初次出现时，它们简单而不确切的含义是'追求智慧'，而在苏格拉底以后的文献中，特别是在柏拉图和亚里士多德学派中，'哲学'一词获得了明确的意义，根据这个意义，'哲学'指的恰恰是德语'Wissenschaft'（科学）。按照这个涵义，一般'哲学'指的是我们认识'现存'事物的井井有条的思想工作，而个别'哲学'指的是特殊科学，在这些特殊科学里我们要研究和认识的是现存事物的个别领域。"[①] 其次，哲学的含义在历史上也是不同的。哲学（philosophy）的希腊文形式 φιλοσοφεῖν 和 φιλοσοφία 这两个词最初在希罗多德（Herodotus，约前 484—约前 425）、修昔底德（Thucydides，约前 460—约前 400）、柏拉图（Plato，前 427—前 347）著作中的含义是追求智慧（phílos \\ loving + sophía \\ wisdom），这是一个简单而不确切的含义；亚里士多德也将 φιλοσοφία 的复数形式 φιλοσοφίαι 用于历

---

① ［德］文德尔班著，罗达仁译：《哲学史教程：特别关于哲学问题和哲学概念的形成和发展》（上卷），北京：商务印书馆，2017 年，第 6 页。

史上先后连续的各种不同的科学体系。在与此相应的历史时期，关于生活行为的研究或学问也成为哲学或科学的重要内容。在稍晚一些的公元一世纪，普鲁塔克（Plutarchus，约46—120）把哲学理解为神学。在中世纪，由于基督教教义完全是在古代哲学的影响下创立的，所以，基督教的理论观点就更具有哲学性质，后来，在这种观念的影响下，留给哲学的只是"一个科学地奠定、发展和捍卫教义的婢女的地位"。因此，神学与哲学这二者也产生了区别：神学依靠神灵的启示去宣教；哲学利用人类的知识去获取、去阐述。后来，哲学也逐渐摆脱神学的影响并力图从人类理性和人类经验之源中推论出自己的学说。到十八世纪，哲学的职责仍然是古代所规定的内容，即"从科学的洞见中提供宇宙观和人生观的理论基础"。十八世纪后期，在康德那里，哲学的含义被进一步限制，哲学作为一门特殊科学，其领域缩小到只限于理性对其自身的批判活动。在十九世纪，人们还是倾向于把哲学视为包罗万象的科学。基于上述这些考察，文德尔班认为，"从历史的比较中要想获得哲学的普遍概念似乎是不现实的"，哲学与其他科学之间"没有一种亘古不变的固定关系"，哲学与其他文化活动之间也有着像和各门科学一样的密切关系。①

对此，我的看法是，从历史比较中固然无法获得哲学的普遍概念，但按照其他方式我们也难以获得它的普遍概念。哲学的普遍概念是相对于其特定含义或特定概念而言的，普遍概念只能借助特定含义而推演出来，或借助特定概念而予以变更、发展和澄清。哲学的特定含义是理解哲学的普遍概念的起点，而不能说普遍概念是特定含义的起点。任何具体的含义都有一个感性的、现实的、直接的，或立足于某一目的而规定的起点，这是一个明晰的起点，在这个意义上，概念才能得以逐级推演而成为明晰的东西。比如，具体的圆形物体，或手工绘制的圆，是我们能形成圆这个形式

① ［德］文德尔班著，罗达仁译：《哲学史教程：特别关于哲学问题和哲学概念的形成和发展》（上卷），北京：商务印书馆，2017年，第6–12页。

观念的基础，从这个形式观念中，我们可以进一步形成一种形如"圆"这样的和谐的理念。在这个意义上，概念的特定含义是概念的明晰性含义的基础，并经由这样特定的明晰性才能达到具有明晰性的普遍含义。因此，普遍的概念如果丢失了从特定的含义演变而来的形成路径，就更会成为模糊而空洞的东西，难以获得确切的理解。而且，由于概念的特定起源有可能不一样，所以它的普遍含义就难以一致，如和谐这个理念可以在不同的事物之上产生，从音乐、构图中都可以产生和谐的理念。我们起初通过凝视不同的圆形物体而建立起来的心灵感受是不一样的，有可能建立起和谐的理念，但也有可能会建立起单调的理念，甚至其他的一些理念。对于单调、和谐这样的概念，必得依于具体的起源才可能获得较好的理解，也才能够较好地用于对现实事物的表达。因此，无论是从明晰性含义的演变路径来看，还是从起源上来看，要获得哲学的普遍概念是有困难的。

但这个问题并非不可解决，可以通过对其历史语境的详细溯源而获得其含义的发展脉络，但这需要做大量工作，如果一些历史环节是断裂的，则可能功亏一篑。因此，这里的目的不是通过历史性的分析而达到对哲学的普遍概念的永久确定，而是采取简便策略，即基于文德尔班的这些研究，首先将哲学概念的含义分为明确的和不明确的。从是否具有明晰性来划分，这是完全可行的，因为在这样的做法中，划分的尺度或原则是一样的，即概念是否具有明晰性，划分后获得的是对立的东西。从理论建构或设计的角度而言，这种做法不一定是最好的，但作为一种事先的准备性的分析框架，却可以实现理论工作的目标。在这里，对于概念含义的确定方法，首先体现为确定一个总的分析框架，这样的分析框架体现为一种对立的结构，但彼此之间是可以相互转化的，这就便于我们通过这个框架去反复推断词义。而在任何研究之前，除了必备性的观察和体验工作之外，接下来最为必要的就是要有一些预备性的方法。对于概念研究而言，确立一个准备性的分析框架，才能避免含义的游离不定，之后，需要确立准备性的概念或基准性的含义以与其他含义进行对勘。

　　基于文德尔班的研究，在明确的含义中，哲学是科学，也可以是关于人的行为、历史、宗教或神学信仰、人的理智或理性、艺术等井井有条的思想工作，而"井井有条的工作"已经是在指科学的工作了。明确的含义有助于我们基于已有的认识成果澄清问题，有助于推进认识及系统地建构认识。但如果将这些明确的哲学含义组织起来以求得一个普遍的含义，则哲学的含义就无法明确了。但不明确的含义也不无益处，一方面，它意味着向我们提出了更高的理论要求以寻得更为统一的解释；另一方面，它为将那些尚未在各种具体哲学或科学中探讨的问题纳入哲学探讨中留下了余地，这也意味着哲学在很多情况下为什么被当作包罗万象的科学。

　　就此而言，保留哲学的不明确的含义对未知领域的探索工作是有益的，它在不同的或更高的理论要求下促使我们寻求明确的含义，在获得明确的含义后，我们又有可能因为不同的或更高的理论要求而遭遇到新的不明确的东西。

　　如果我们将含义的明确与否推进到认识的明确与否，则会遇到相同的情形，因为获得含义就是获得认识，前者的存在说明后者是同时存在的。在这种情形中，认识的发展无外乎是从明确的认识推进到不明确的东西，再从不明确的东西推进到明确的认识，在外在形态上似乎就展现为一个循环促进的过程。在这之中，明确性指的就是含义的明确性和含义间关系的明确性，它们是意识中可以自发地构造的东西，或通过某种方式的引导可以建立的东西。唯有明确的认识才是建立科学的基础。不明确的东西不是毫无意义的要放弃的对象，它实质上体现的是认识发生的一个环节，它本身的存在是为了引出明确的东西，它要么意味着其理论的界限，或需要突破的认识，要么意味着认识构建中需要澄清的东西，或需要满足的东西，即是说，它是问题之真正所在。

　　我们将哲学理解为井井有条的思想工作，将这个含义作为基准性的含义，并进而理解为科学性的或系统性的认识工作，或像亚里士多德那样理解为科学，这对认识的建构具有积极意义。这样做并不妨碍我们对哲学的其他历史含义的理解，反而，立足于这个明晰的含义，有助于我们理解不同的哲学概念之间的差异，并在我们的努力方向上认识到系统化的认识建构的重要意义。为此，我们需要在具体的哲学语境中对含义进行切换，而不是只用一种规定好的含义去理解诸种哲学，否则会有碍于认识的建构和对未知领域的思考。

　　我们对哲学含义的理解，存在一个从不明确的含义推进到明确的含义的阶段，对具体的认识而言，同样也存在一个从不明确的认识推进到明确的认识的阶段。哲学家罗素（B. Russell，1872—1970）有一个观点恰好也可以表明这一点。罗素认为，哲学的第一步工作就是要将自以为是的、含混的和自相矛盾的那些有缺陷的知识修正，取代为试探性的、精确的和一致的知识。[1] 自以为是的知识，我们可以理解为基于不清晰的认识而形成的知识，这种知识在前提上是成问题的，如果清晰地认识了它，细化了它，就不会形成那样的知识，它可以是相对明确的认识，也可以是相对不明确的认识。含混的知识我们可以理所当然地理解为不明确的认识，所以它必然无法获得精确性。但需要补充说明的是，含混性本身作为一种认识表现而言，则是明确的，因为它是意识的一个规定，这个规定本身是明晰和确定的，它指的对象则是含混的，它的指向是明确的。自相矛盾的认识，可以是相对明确的认识，也可以是相对不明确的认识，只是彼此矛盾，其中存在着认识的前提不一致或推论的结果不一致的情形。罗素的这一看法实质上蕴含着认识是从不明晰向明晰转化的观点。理解与认识都旨在获得明确性的东西。现象学的创始人胡塞尔也是以明确的含义来理解哲学的，在这样的理解中，哲学就是作为严格的科学而言的，它一方面是为了满足更高的理论需求，另一方面要使得受纯粹理性支配的生活得以可能。[2] 在这里，"严格的"（strenge）就是"精密的"（exact），在德语中前

---

① ［英］伯特兰·罗素著，黄翔译：《哲学大纲》，北京：商务印书馆，2014 年，第 7 页。

② 参见［德］埃德蒙德·胡塞尔著，倪梁康译：《哲学作为严格的科学》，北京：商务印书馆，2007 年，第 1 页。

者包含着后者。严格的科学指的就是精密的科学，这是胡塞尔哲学工作的明确目标。

对于哲学，本书所秉持的明确含义就是井井有条的思想工作，它追求认识的明晰性。哲学自身在通向更高的或不同的理论要求的过程中，为了成为更普遍的概念，它的含义就成为相对不明确的。

二、认识论作为井井有条的思想工作

基于上述认识，当我们将认识论视为对认识活动的哲学研究时，在明确的含义中，意味着对认识活动的井井有条的思想工作，它力求获得对认识活动的清晰认识，并基于这样的认识形成科学的认识论；在不明确的含义中，它是对认识活动的非系统化的思考，但为了区别，我们将这样的思考视为认识论思想，这样做是为其他探索目的或更高的理论要求留下思想空间。

上述不明确的含义，其实已经被我们明确化了，它的不明确是相对的。我们之所以意识到不明确的认识的存在，是因为在将认识向明确化的方向逐步推进的过程中，我们在明确的意识目标的作用下意识到了相伴随的被视为对立出现的不明确的东西，这些不明确的东西是我们所要克服的对象，也是前文所说的"问题之真正所在"。同样，在对不明确的东西的意识察觉中，我们必然也相应地有着明确的东西。

保留概念的双重含义，即保留明确的含义和不明确的含义，使这两者彼此校准，才能不断达到更为明晰化的认识。这也意味着在从事相关研究时，我们需要灵活地切换概念的含义，以真正地理解不同的认识，哪怕是那些被视为错误的认识，我们也需要通过含义的切换，明确地知晓究竟是何种原因造成了错误的存在。

井井有条的思想工作，必然需要保持含义的一致性，明晰地掌握含义的脉络，在不同的含义脉络之间进行切换。在含义的脉络中，必然需要维持某一含义的一致性，这样才能保证含义切换过程中不至于发生混乱，以维持认识的清晰性。即使是系统的认识中的清晰性，必然也要求其中所涉及的概念的含义在系统中保持一致性。

将认识论理解为一种哲学研究还不够，我们还必须在科学的层面进一步去理解它。

第三节　科学的含义

人们对科学的理解偏差很大。在国内，这种现象不仅存在于大众理解中，也出现在受过高等教育的人群中，因此，需多费些笔墨澄清它。

通常人们看到"科学"这个词的时候，首先想到的是自然科学，从事科学研究的人还会想到社会科学和人文科学。在日常的理解习惯中，人们往往通过观察、总结概念或名词所指向的对象，抽取出对象的一般特质或区别性，然后以此作为对概念内涵的理解。在这样的习惯中，对自然科学的不同理解决定了人们对科学的不同理解。如有人认识到了自然科学研究的量化特征，便以这一特征来理解科学；有人深切感受到了自然科学定理的必然性，便以这一特质来理解科学；有人深切体会到了自然科学的实在性特征，便以实在性来理解科学；有人深切体会到了社会科学中实证方法和数学分析的作用，便以实证和数学来理解科学。这些理解并非错误的，但由于缺少对科学的实质性理解，所以无法形成一致、明晰的认识，人们谈论的是科学的特征，而非它的实质。对人文科学的概念则相对模糊，很多人都是在学科的意义上来理解人文科学的，如把它理解为文学、宗教、艺术等，虽然它们理所当然是科学，但很少有人去解释它们为什么是科学。以上这些理解整体上都属于"状物类情"式的，所以对其产生的理解和认识最终都只能在相似性方面去对待，而不能在一致性方面获得实质性的东西，如果要建立一致性的理解，还需要特定方法的辅助。

一、科学的含义脉络

要获得对科学一致、明晰的理解，需要一致的方法。一致的方法有助于获得一致的认识。含义的产生并不是随意的，而是按照可行的方法生成的，如果没有生成含义的一般规则，交流就难以进行，因此，理解含义需要考虑含义的生成规则。以《说文解字》为例，许慎（约58—约147）在注释字义（用字法）前，先讲明的是造字法。造字法就是含义的生成规则。从这一做法可以看出，古人早已认识到含义的生成规则影响含义的表达和理解，换言之，含义唯有按照特定的规则产生，才便于交流或理解。当然，含义的生成规则不止体现在造字法中，也体现在用字法中，在系统化的论述中也体现为设计和规划词义的原则，或为状物类事，即描摹、抽象，或为意义的引申、迁移，或为含义的增强、减弱、递进、交错、对立。进一步而言，含义的生成规则也是理解它的方法。相对于其他方法，这样的方法更有可能获得一致的理解。而一致的方法更有利于形成统一的理解。因此，为了获得对科学的统一理解，首先需要确立一致可行的理解方法。以此，即使暂且获取不了统一的含义，但只要获取人们可以理解的相对明确的含义，就不算枉费工夫，因为借助明确的含义，就可以进一步在具体的理解活动中区分和使用特定的含义并减少误解，就可以在明确的含义基础上添加、减少或扭转含义，以达到理解和交流的目的。

根据我的经验，获得对概念的统一理解的方法可以总结为三种。

第一种是追溯词源。词源的含义是相对固定的，它可以从经典文本或经典研究、值得信赖的研究著作或专门的工具书中获得，也可以通过对造字法的研究而获得。词源通常含有一个或若干个确定的含义，从其基本含义出发，按照一定的引申规则和表达需求，产生出某个词语的不同含义。通过对词源的把握，就可以相对明确地把握到其不同含义之间的脉络关系或差别。

第二种是寻找对立的概念。这其实就是以辩证的方法去分析概念。对于抽象范畴的把握需要用到这种方法。例如，在理解自由与必然、现象与本质的时候，需要用到这种方法。有时候还需要主动建立与其对立的概念，以反过来确定所要理解的概念的含义，或者利用对立的概念相互界定，直到找到其中一方的确切含义。

第三种是从经典文本或术语历史中梳理含义。在分析经典文本具体语境中的概念时，有时还需要考虑含义的历史变化，知晓的变化越丰富，理解和表述才能越准确。文本作者在论述时所持的含义往往是对已有概念限制和改造后形成的，况且，概念在不同语境中总会沾染上语境中的特定意义、情感色彩，因此，要想获得准确的理解，只借助文本和含义的演变史是不够的，还需要结合其表达目的和认识前提，进行较为复杂的推理、论证、分析。

这三种方法中，第一种方法对于获得一般名词和概念的统一理解较为方便。第二种方法人们容易忽略，但相对其他两种方法而言，其有助于获得对抽象概念的准确理解，对别人明确定义过的概念进行理解的过程，在一定程度上也离不开这种方法，且可以用这种方法考证其定义的合法性，在系统化的认识建构中，这也是生成含义或设计、分配含义的方式。对抽象概念的理解，使用第三种方法时辅以前两种方法，则可以获得更好的理解，因为语境和词源都能够帮助人们获得具体的感受对象或要素，基于具体的感受对象或要素才能形成稳固的认识起点，而确立对立的概念则是为了更为周全地分配含义，逐步确立概念之间明晰的界限。在充分的理解过程中，这三种方法都会用到，只是各自出现的环节和承担的功用不同。特别是辩证法，它是为了突破理解和认识的局限性而产生的方法。前面在讨论哲学的含义时，这三种方法都用到了。

依照上述方法，这里对科学的含义做如下理解。

1. 词源上的含义

从词源来看，科学一词是在译介西方思想时产生的，它通常是对英文

science、德文 Wissenschaft 的翻译。① 就这两个单词而言，science 源自拉丁文 scientia，词根为 "sci-"，本义是认识，所以，science 的本义就是与认识或知识相关的东西；Wissenschaft 在德语中的词根 "Wissen"，本义也是认识，所以，Wissenschaft 的 本 义 与 science 是一样的。② 如费希特（J. G. Fichte，1762—1814）的著作 *Grundlage der Gesamten Wissenschaftslehre* 就翻译为《全部知识学的基础》。③ 相应地，人们将波尔查诺的著作 *Wissenschaftslehre* 翻译为《科学理论》（可能是受了英译本 *Theory of Science* 的影响）就有所不妥了，因为英文的 science 比德文的 Wissenschaft 范围要小，况且，这部两千多页的巨著自始至终都是在探讨认识论问题，如概念、逻辑、真理等，所以，其相对合适的译法是"认识论"或"知识学"。科学作为认识而言时，它不是普通的认识，如果我们引入系统化这一认识，将认识分为系统化的和非系统化的两类，那么，科学作为系统化的认识来理解更为恰当，因为各门具体的科学大多体现了这一点。

在当前的用法中，science 和 Wissenschaft 作为拉丁文 scientia 的译名，在英文和德文中的含义并不一样，science 多指精密科学，Wissenschaft 则指"母校穹顶下可以教授的一切学问"。从中文来看，人们对科学这一译名的理解也不十分妥当，人们不假思索地从字面上把科学理解为分门别类的或分科分系的知识系统，似乎正好对应当今大学教学的学科门类，但这一理解没有很好地切中科学的含义，在这种理解中，"科"仅仅体现为"门类"的意思，但实质上，"科"还有"系统化地去认识"这一含义，这个含义我们可以在佛学研究常用的"科判"一词中看到，也可以从其原

---

① 科学作为 science 的中译，始于日本学者西周时懋 1874 年的译名，国内曾译作"格知"，取格物致知之意，日本学者认为 science 指分科而治的学问，如数、理、化等，故译为科学。[参见吴国盛：《究竟什么是科学》（上），《中国经济报告》2014 年第 10 期，第 115 页] 西周时懋（にしあまね，1829—1897）是日本启蒙学术社团"明六社"的主要成员，也是西方哲学和科学思想的传播者，后从事政治活动，著译无数，他翻译的"哲学"这个词也被人们沿用至今。

② Edmund Husserl，Introduction to Logic and Theory of Knowledge：Lectures 1906/1907，in Claire Ortiz Hill（trans.），*Husserl Collected Works Vol. XIII*，Dordrecht：Springer，2008，p. XX.

③ ［德］费希特著，王玖兴译：《全部知识学的基础》，北京：商务印书馆，1986 年。

有的"类别""品级"这两个含义引申出来，即为"类别""品级"，必然是系统化的意思。体会到这两重含义，才算是更好地理解了科学这一译名。[①]

2. 在对立中理解科学的含义

上面的探讨并不能澄清人们的疑虑。这一疑虑是：如果科学的本义是知识，那么，日常的很多认识是不是都可以称为科学？这一问题立即引起了一种对立，即科学与日常认识的对立。但这一问题不会影响我们对科学一词的理解，反而会有所增进。

在科学与日常认识之间进行区分，实质上就是对彼此的含义进行限定，建立相互之间的意义分界线。但这种限定不能随意进行，需要寻找一种相对固定的参照以维持其含义的统一性，即在学说上寻找统一性，这种统一性是在认识的尺度的确定中实现的。我们将日常的看法视为零散的认识，或者更确切地说它是系统化程度不高的认识，或者说，我们是以系统化及其程度高低或系统化的复杂程度来对科学与日常认识进行区分的。在形成这一认识的做法中，系统化以某一系统化的理论作为参照，同时，系统化自身也是我们用来衡量或评判认识的一个尺度。

当然，科学与常识之间的界限不是绝对的，二者之间存在一个相互转化的过程，这个转化是与系统化的认识行为相关的，因为科学还有探索这一含义，而常识只需要运用就可以了。此外，根据不同的参照和尺度，科学还可以与其他知识产生对立。

在这两个步骤之后，我们已经初步明白了科学的含义。但科学是在历史中不断形成和发展的，所以对其历史含义也应予以考察。

3. 经典文本中的含义

在此，我们借助三部重要的学术论著来考察科学的含义及其在术语历

---

① 现代汉语中有很多西文译名是从日译名中借用过来的，但不能用现代汉语的理解去对待这些译名，因为日文中的汉字要么使用的是日语语境中的含义，要么使用的是古代汉语的含义，而不会使用现代汉语中的含义去构成表达。简言之，汉译中借用的日译名，看起来是中文，实质上是日语。如果要去查词典的话，需要查的是日语词典。

史中的演变情形。这三个文本分别是著名的德裔英国学者梅尔茨（J. T. Merz，1840—1922）所著的影响广泛的《十九世纪欧洲思想史》，哲学家胡塞尔的著名长篇论文《哲学作为严格的科学》，以及著名的科学史家彼得·哈里森（P. Harrison，1955—　　）所著的《科学与宗教的领地》。

根据梅尔茨细致的研究我们获知，science 和 Wissenschaft 这两个单词在其各自的母语环境中含义并不一样。拉丁文 scientia 这个词在英文中还被译为 knowledge（知识）、learning（学术、学问）。与 Wissenschaft 相比，science 在英文中的含义相对较窄，仅相当于德语中的精密科学（exacte Wissenschaft），如数学和自然科学。以 science 这个单词形成的词组 social science（社会科学）和 fomula science（形式科学）加上 science 在当代英语中的含义，才能涵盖 Wissenschaft 的基本含义。Wissenschaft 是拉丁文 scientia 的直译，意为"系统形式的且以某种方法联系起来的知识"。在德语中，Wissenschaft 这个词的含义并不与哲学相等，而是包含后者，在广义上可以理解为"在母校（alma mater）穹顶下培育的一切学问，它是从德国大学制度中特殊地演化出来的一种观念，在这个制度里，神学、法学、医学和专门的哲学研究全都被拿来作'科学地'处理，一起形成无所不包的人类知识大厦"，它是"过去数百年间存在于德国所有第一流智士仁人之中的 Wissenschaft 理想"；"同科学对立的是业余的、通俗的东西；不是职业的而是手工业性的东西；在伟大大学制度（其中包括无数构成基础的学术学校和构成其顶端的科学院）之外成长和生存的东西"。而英文和法文中的 science 表明的是一种"实证哲学的思想倾向，它旨在引入自然科学方法来覆盖整个研究领域，且排斥任何别的方法"。①

在此，我将梅尔茨的研究放在前面，是因为他的这一研究相对清晰、内容丰富、翔实，能够清晰地表明通行的这几个词之间的含义区别，这有

---

① ［英］约翰·西奥多·梅尔茨著，周昌忠译：《十九世纪欧洲思想史》（第 1 卷），北京：商务印书馆，2016 年，第 79、80、145、146、147 页脚注②。

助于我们确定科学的明确的和不明确的含义。接下来，我们再来看看澳籍科学史家彼得·哈里森在《科学与宗教的领地》中对科学概念的相关研究，其涉及了中世纪关于拉丁文 scientia 这个词的含义界定。以下这些内容主要是在这部论著中论及的。"阿奎那确认了三种理智德性——直觉（intellectus）、科学（scientia）和智慧（sapientia）。"这三种理智德性，加上与实践理智相联系的技艺（scilicet arte）和审慎（prudentia），构成人的五种情性。在这些情性中，"直觉涉及把握第一原理，科学涉及由第一原理导出真理，智慧则涉及把握包括第一因即神在内的最高原因"。阿奎那指出，科学是一种心灵习性或理智德性，且首先具有个人特质。习性意味着可以完善个体所拥有的能力，可以把人推向特定的目标，而人的习性或自然倾向之一就是朝着知识运动，理智德性可以完善我们的理智能力。因此，科学成为从一般前提中通过逻辑证明的演练而获得结论的过程，被视为一种心灵习性。对科学的这一理解，实质上是对科学作为井井有条的思想工作的另一种解释，含义的实质并没有发生变化。在中世纪，七种自由技艺（语法、逻辑、修辞、算术、天文、音乐、几何）被称为"自由科学"，后来，确认的科学有四十种。在英文中，science 不仅指七种自由科学，在 1475—1700 年间，也包括自然科学、道德科学、医学科学、外科学、逻辑科学和数学科学，甚至还被应用于会计、建筑、地理、航海、测绘、防御、音乐和法庭申诉。十九世纪起，science 在牛津大学仍然是指基本的哲学课程，这种用法反而被视为一种特殊的用词，因为从那时开始，science 的含义完全就是今天英语世界所熟知的自然科学和物理科学这样的精密科学。但在十九世纪之前，特别是在 1771 年的《大不列颠百科全书》中，科学仍然是基于古典含义而被解释的，它被解释为"在哲学语境下通过合乎规则的证明从自明而确定的原理中导出的任何学说"[1]。

---

① ［澳］彼得·哈里森著，张卜天译：《科学与宗教的领地》，北京：商务印书馆，2016 年，第 17 - 24 页。

胡塞尔宣称他所创立的现象学可以为科学进行奠基。他所指的现象学就是现象学哲学，实质上是指现象学科学。胡塞尔认为当时的哲学还不是科学，因为哲学虽作为永恒的事业，但具有天职的教师"不能以客观有效的方式进行教授"①。从字面意思来看，胡塞尔这里所说的科学，恰恰是指在大学中可以教授的学问，这恰恰是将哲学视为"在母校穹顶下培育的一切学问"之中的一种而言的。胡塞尔认为，对科学的奠基意味着对其说法或话语进行奠基。对此，我们可以做这样的理解：如果将哲学作为科学来打造，那么，就要对哲学的概念和话语进行说法上的奠基，这样才能满足"得以被教授的条件"。胡塞尔说："科学不包含在直接的把握和察看中，而是在间接的演绎和奠基中。它进行比较、区分、归类，并且从给予的东西中得出结论。它从结论中构造根据，从根据中构造理论。"因此，在这个意义上，"科学就是彻底的合乎逻辑的，并且，其本质上不会简单地承认逻辑上无意义的任何东西，因此自身得以明确的是，逻辑的东西构造的特征就是科学的特征"②。胡塞尔的这些论述蕴含着多方面的含义，但系统性或逻辑性是他所强调的科学的重要特征，他秉持的仍然是德语 Wissenschaft 的传统含义。

二、科学的基本类别

这部分讨论是上述讨论的必要展开。在此本应该也要讨论形式科学，但由于其涉及较为复杂的问题，我的思考也不成熟，所以很难把它表述清楚，我想在今后的写作中再去完成它。此处只涉及自然科学和人文、社会科学的讨论。

---

① ［德］埃德蒙德·胡塞尔著，倪梁康译：《哲学作为严格的科学》，北京：商务印书馆，2007年，第 2 页。

② Edmund Husserl, Einleitung in die Logik und Erkenntnistheorie, Vorlesungen 1906/07, in Ullrich Melle, *Hua XXIV*, *Hrsg*, Hague: Martinus Nijhoff, 1985, S. 16, 5, 4.

1. 自然科学或自然哲学

科学起源于对自然世界的研究。在古希腊，科学对自然世界的研究是包含在哲学研究中的，无法把它们截然分开。古希腊哲学研究的对象是φύσις（physis/自然），在含义上，φύσις既作为事物总和的世界或宇宙（cosmos），也是事物运动变化的本原（ἀρχή /archí）。古希腊自然哲学对于φύσις的研究实际上也就是古老的物理学（physics）研究。牛顿在其著作《自然哲学的数学原理》中所使用的自然哲学这一术语，实际上指的就是物理学。牛顿是将自己视为哲学家来看待的，他觉得这才合乎他的身份。cosmos 的古希腊文为κόσμος，意为复杂的、有秩序的系统，其对立的词语是χάος（chaos），意为混沌，在古希腊也指"混沌之神"。因此，自然哲学或物理学研究既基于cosmos 这一复杂的有序的系统，同时，也意味着自然哲学的研究目的在于对"自然"这一复杂之物获得系统性的认识。为了获得更具系统性的认识，就需要研究其本原（ἀρχή）。因为人们认识世界的诸多现象都是本原的体现，所以研究本原是为了获得对现象的更为统一的解释。近代以来，物理学中对于弱力、强力、电磁力、引力的研究，实质上就是对这一秩序系统中的"本原"的某种属性的研究，M 理论、弦论是为了获得对物质世界更为统一的解释，希格斯粒子的发现是这一探索路上的重要进展。简言之，物理学中的这些构想或发现，都是为了在自然世界中获得统一性和系统性的认识。

与古希腊自然哲学同源的物理学，本来的目的就是获得对自然世界的系统性认识。由于物理学的发展有赖于数学，因此，学者将数学视为物理学的基础。自然科学的本义就是物理学。在物理学经过伽利略（G. Galileo，1564—1642）时代的变革之后，人们往往将"量化"视为自然科学的特征，但这并不一定是其根本特征。物理学在发展过程中依据不同的研究对象逐渐产生或分化出了其他的自然科学，如化学、天文学、生理学、地理学，但它们本质上仍然是物理学。因此，物理学的研究方法及认识成果，促成和奠定了现代自然科学的局面。立足于这一意义理解科学，则其目的就在于获得对自然世界的系统性认识。

而马克思的思想之所以能影响更多的人，成为一种影响广泛的"主义"，就在于其学说的体系化或科学性。不成体系的东西在人类知识历史上能够发挥的作用是受限的。按照恩格斯在《社会主义从空想到科学的发展》中的表述，唯物史观和剩余价值学说使马克思的社会主义学说成为科学。[①] 恩格斯的说法是准确的，因为他点出了马克思学说的系统性层面和其理论贡献的关键点，即唯物史观和剩余价值学说。从这一用词来看，生活于欧洲大陆文化传统下并受过良好的哲学训练的恩格斯，对科学的含义或科学性是完全清楚的。

2. 社会科学与人文科学

通过上述讨论，我们不仅知道了科学的主要含义，也在理解过程中赋予了其主要含义，因为科学自身作为认识活动是人类主动的探索活动，所以选取哪种含义作为主要含义是我们基于特定的认识基础和认识需求而赋予的。我们也知道了自然科学的研究对象是自然，或者说是物质世界。但科学的研究范围是不断拓展的，对自然世界的研究不是其全部，为了囊括更多的研究对象并将之归于科学名下，在将科学的研究对象予以"二分"的情况下，就产生了一个对应的研究"非自然"的科学（X）。如果我们能够确定这个研究对象可以是什么，就等于确立了一种不同的科学。

在锚定这个对立物的过程中，我使用的是"耦合法"，将这个待确定的东西先加载到某个我们相对熟悉的东西之上，然后进一步分析，看其是否能够承载这样的意义，或在分析中去发现相应的承载物，以使我们最终确定对立物。这个方法不是我发明的，它是每个人天生就有的思考方法，我只是根据自己的思考经验和前人的思考方式，为了称述方便姑且命名而已，别人或许还有其他的称谓。后面的研究中我会经常使用这种方法。它

---

① 参见赵智奎：《马克思恩格斯的科学社会主义学说及其当代启示》，《马克思主义研究》2011年第1期，第39页。

首先基于对立化的区分，然后需要在不断的排除过程中筛选出一个相对接近的可以充当对立物的东西，这个过程是根据已确立物的相反特征而尝试捕获对立物的过程。当对立物中也有已确立物的一些特征时，将这些特征排除掉，然后进一步窄化对立物，或更换对立物，直至两者之间在本质上获得根本的对立为止。

为此，如果我们将自然与生命对立起来理解，这个非自然的东西就是生命世界。又由于生命世界也有其自然属性，我们还不能说研究生命世界的科学就是研究"非自然"的科学。为此，我们还需要进一步细化这个科学的研究对象，以使彼此之间形成一个明显的区别。

当抛开了生命体的物质属性之后，剩下的东西，也就是使其区别于物质世界的东西，是意识。在科学分类的创始人亚里士多德那里，灵魂就是动物生存的根本。① 在生命世界中，人类将自身视为生命世界中最为主要的和位于最高层次的部分。在古代思想中，人最为本质的东西就是灵魂，它具有感觉和思维能力及其他行为能力。

灵魂这个概念一直被发展着。根据亚里士多德的理解，古希腊哲学家将对灵魂的研究归为自然哲学。② 后来，灵魂被演化出了另外的含义，它在根本上被视为"表象（Vorstellung）与其他行为的本体承担者"。这一本体是具有很多能力的本体，这些能力包括感知、想象、回忆、希望或恐惧行为、欲求或嫌恶行为等。③ 后来，人们也以精神和心灵来代指灵魂，这不仅是因为灵魂在发展中产生了与精神相关的一些含义，而且也是因为从希腊语的语源而言它们是同义的。这一观点也可以在贝克莱的理解中看到。贝克莱明确地解释到，精神（spirit）、灵魂、心灵和自我这四者之间是等义的。④ 在休谟那里，对人性（humanity）的研究实则就是古老的关

① ［古希腊］亚里士多德著，吴寿彭译：《灵魂论及其他》，北京：商务印书馆，2011 年，第 44 页。
② ［古希腊］亚里士多德著，吴寿彭译：《灵魂论及其他》，北京：商务印书馆，2011 年，第 57 页。
③ ［德］弗兰兹·布伦塔诺著，郝亿春译：《从经验立场出发的心理学》，北京：商务印书馆，2017 年，第 12 页。
④ ［英］乔治·贝克莱著，关文运译：《人类知识原理》，北京：商务印书馆，2010 年，第 23 页。

于灵魂的研究，他研究这一哲学主题的著作就题为《人性论》，论述了知、情、德三方面的内容。这里的人性，实质上就是精神、灵魂、心灵、自我的另一种表述。由于灵魂是行为的本体，且人性是灵魂研究的具体化，休谟的政治学和经济学研究也是建立在他对人性的研究基础之上的。

从灵魂研究过渡到人性研究，再过渡到政治学、经济学等社会科学的研究后，我们看到了灵魂研究的历史性意义。灵魂科学相对古老，人性科学次之，社会科学最后，这三者之间形成了一个历史的发展脉络。对人性的研究，就属于我们通常所说的人文科学（humanics），它包括哲学、宗教、艺术、语言、文学、历史等。

从这些梳理来看，与自然科学对应的另一支科学 X 的值可以是人文科学，它在其历史发展脉络上是从灵魂研究到人性研究，再发展到与之相关的其他行为（政治行为、经济行为等）研究的科学。这里，在我们已经初步获得了 X 的值后，科学暂且可以划分为自然科学和人文科学，前者是关于自然客体的研究，后者是关于人的行为及其相关项的研究，后者与认识、情感等更是密不可分。

经过对灵魂研究的进一步限定、窄化、转化，在排除了对动物行为的研究后，对专属于人类的精神行为及其构成物的研究，或者更确切地说以非自然客体为研究对象且有益于人类生活的这种研究，就更有理由称为人文科学（human science 或 humanics，也译为精神科学）。随着科学的发展，经济学、政治学、社会学等先后作为明确的科学而出现，这些科学研究的都是人类社会的种种现象，所以称为社会科学。在孔德那里就有着这样的称谓，并且提及了心理学、道德制度和人类本性的相互关系。① 在这一点认识上，孔德与休谟是一致的。这些科学都是为人类生活服务的，总的来说，它们研究的都是灵魂的行为，或研究的是除人的生理行为之外的那些

---

① ［德］弗兰兹·布伦塔诺著，郝亿春译：《从经验立场出发的心理学》，北京：商务印书馆，2017 年，第 33 页。

行为。

在后来的发展历程中，社会科学引入了实证的方法，引入了数学、自然科学的方法，因此看起来就与传统的人文科学有了明显的不同。如果社会科学丢掉了人性分析而只注重量化研究，那么，就比物理学丢掉了定性研究而只注重量化研究还显得荒诞。

3. 哲学与科学的区分

还需要继续做一些说明。在前面关于科学之含义的论述中，我们知道哲学简单而不明确的含义是爱智慧，其明确的含义是科学（Wissenschaft）。在科学和哲学的源头上，自然科学问题是引起哲学兴趣的唯一对象，其问题长时期包含在哲学范围之内，直到近代笛卡尔之后才和哲学分离。[①] 此外，除极少数人所公认但大多数人难以使用的方法外，哲学也不具有一些自然科学所具有的明确的方法。因此，哲学与自然科学和社会科学相比，其意义仍然确定为科学（系统化和理论化的研究或学说）是较为可取的做法，它不应与科学的分支相混同。

文德尔班指出，哲学在其古代的规定中，它的职责是"从科学的洞见中提供宇宙观和人生观的理论基础"[②]。这一说法中包含着这样的认识，洞见基础是为了建立系统化的认识。然而，为了追求更高的智慧，一些体系和理论的基础会被拆解和重构，这些拆解和重构行为，是获得系统性和理论化认识的行为的一部分，甚至包括那些只是做了拆解却无法完成理论重构的认识活动，理应也被归到哲学之中，因为这种无法完成的工作，可能预示着全新的问题。这也是为了进一步认识的需要，我们在哲学和科学之间人为地添加了一个区分，以满足一些人在某些时候对科学与哲学进行刻意区分的偏好，即对认识基础或理论基础的那些不完全的认识或探索活动

---

① ［德］文德尔班著，罗达仁译：《哲学史教程：特别关于哲学问题和哲学概念的形成和发展》（上卷），北京：商务印书馆，2017 年，第 10 页。

② ［德］文德尔班著，罗达仁译：《哲学史教程：特别关于哲学问题和哲学概念的形成和发展》（上卷），北京：商务印书馆，2017 年，第 8 页。

是否需要明确地理解为科学活动。这个区分有时会引起混乱和不必要的麻烦，但在下述认识情形中是有必要存在的：如果在对现实的思考中获得了相对可靠的认识基础及明确的研究对象，甚至拥有了相对有效的研究方法，那么，一门具体的科学便随之产生了，这时候，参与基础创建的工作就可以称为哲学思考。在这个意义上，科学基础的工作，就是哲学工作。很多学科的开创者和革新者都兼具"卓越的哲学家"这一身份，理由即在于此。作为基础的工作，它并不必然地形成具体的科学，但这种工作如果不属于科学，那将其视为哲学也是可以的，因为不是没有价值的。

三、认识论作为科学研究

通过以上研究，在较为明确的含义中，科学与哲学有相同的含义，作为一种认识活动，都是"井井有条的思想工作"，如果从认识的呈现形态或工作的目标来说，就是获得系统化和理论化的认识。由此，我们就在哲学（或科学）与日常认识之间形成了区分。在今天的科学研究中，"系统化和理论化"始终是科学与日常认识的区分标志，这不仅是由其历史中的含义所决定的，更是由我们当今的研究取向或理论要求所决定的。熟知了上述含义的演变，在对不同的文本进行理解的过程中，我们只需对其含义予以相应的切换就可以了。

因此，当我们将科学研究理解为系统化和理论化的工作时，认识论就是对认识活动的系统化和理论化的研究。如果这一研究所涉及的具体的研究对象不是其他科学所专门针对的，那么，这种认识论研究就是相对独立的认识论科学。由于自然科学等诸多科学的认识都必然要涉及人的认识活动，所以，这一科学也就成为自然科学等其他科学的基础。不仅是自然科学的研究，政治学、经济学等具有伦理性质的科学，都受到认识论这门科学的影响。它们都是关于人的行为的研究，只不过认识论研究的是认识行为，而伦理性质的科学研究的是其他行为，但这些行为或多或少都受到认识行为的影响。或者说，认识行为直接或间接地影响它们。在此需要强调和补充的是，当我们说认识论科学是其他科学的基础时，并不是说先有认识论后有其他科学，而是说认识论所思考的问题是这些科学都面临的问题。任何科学都是一套概念表述系统，概念系统的构成过程获得认识论的解释后，概念系统的根本意义和其局限性才能够更好地发挥其在传承中的作用，概念系统的合法性才能获得究竟的说明，以分离那些不必要的质疑和理解中的困境。对概念工具的理解，对更为基本形成的认识和变更，可以给我们全新的看待问题的方式，从而会助力人们形成更好的认识。

如果我们将认识论确定为独属于主观领域的研究，那么，就要排除其独属于客观领域的认识论研究的可能性。但在排除的过程中我们发现，物理学作为客观领域的科学研究，也是可以研究认识活动的，只不过它的方法和研究方式与主观领域不一样。就此而言，对于认识论的两种研究都是存在的，一种是在专属于主观的领域中进行的，它不凭借外在的方法，主要依赖意识的内在直观、构造、综合的能力；另一种是在专属于客观的领域中进行的，它凭借的主要是物理学的方法或基于此的自然科学的成果和方法。我们不能否定以外在的方法研究认识论的可能性，当以外在的方法研究认识论时，物理学就反过来成为认识论的基础，在这个意义上，物理学是科学的基础。同时，我们也不能以外在的方法否定内在的方法的可能性，这种内在的方法，它借助的是主观上的形式处理的方法，由于一切认识都不可或缺地由意识产生，所以，内在的认识论是一切科学的基础。

鉴于此，从基础的研究方法来看，就存在两类认识论研究，一类是以内在的方法进行的认识论研究，另一类是以外在的物理学的方法进行的认识论研究。

如果我们仍然没有忘记对世界的统一解释这个最终的认识目标，那么，这两种研究最终要获得统一，即内证和外证之间得以契合。而且，从其相互关系来看，这种统一也是可能的，因为认识活动作为一切科学和认识的基础时，它自身固然有相对独立的可以不依赖于外物而存在的纯粹的东西，但是，产生于其上的认识和科学也必然体现着它的一些东西，由此就可以对它的形式或内在表现进行推断，以期获得对其内在构造的验证，它自身虽不能使用这些东西作为自己的基础，但必然要形成对这些东西的解释，然后，这些东西再以它作为解释，最终获得解释上的统一性。

当我们将认识论定义为对认识活动的哲学研究或科学研究时，哲学研究和科学研究在这个定义中实则表明的是我们的研究取向或认识要求，相应地，科学研究和哲学研究中的一些方法就可能会被借鉴和使用。但方法是为了特定目的服务的，方法要适合于研究对象及目标，所以，认识论自身的方法绝不是从别处挪来就可以使用的，而是要根据研究对象和目标去发现、设计、尝试、验证适合于自己的完成目标的方法。更细致的解释、更简练的解释模式、更具普遍性的解释形式、更精细的系统构造，都可以是人们的理论工作目标。面对同类的对象，目标的变化逼迫着方法上的改变。理论工作的目标，在这些层级上呈现为对"美"的一种追求。但无论理论工作的目标如何推进，其工作的对象是相对不变的，基础性的研究工作有着恒定的对象，正是这些恒定的对象使之成为不同的基础学科。就此而言，对于认识论这门科学来说，研究对象的确立是其根本。接下来，我们简要讨论一下认识论的研究对象。

第四节　认识活动及相关概念辨析

认识活动是认识论的研究对象。辨析这个概念的过程就是对认识论的界定过程，但要明确其含义，也意味着要与相关概念进行比较，明确其各自的所指，排除彼此之间已经存在的和可能存在的意义混淆，这样才能更好地凸显它的意义。与认识活动相关的概念主要有四个：认识、认识行为、认识对象、认识过程。

一、认识

通常我们所说的"认识"这个概念，在不同语境中有不同含义，它可以指认识活动，也可以指认识成果，即理论、看法、知识，也可以指认识行为。因为认识总是对认识对象的认识，所以，与之相关的概念必然还有认识对象。认识行为与认识对象这两个概念，是在研究中细化出来的。由于对认识这一概念存在这些理解，当我们将认识论视为对认识的研究时，其研究对象并不聚焦，已有的逻辑学、形而上学也会被纳入进来，也有哲学家和学者将形而上学和认识论混为一谈。问题的不聚焦限制了研究深度，所以，有必要在此讨论认识这一概念，以逐步使认识论研究从混乱与模糊走向秩序与清晰。

认识对应的英文词 recognition，有辨认、辨别、认出等含义，这与汉语的"认"和"识"各自或共同包含的含义大致相当。作为哲学研究中的认识论这一术语，英文的说法是 theory of knowledge，但以古希腊语词根 episteme 构词的 epistemology 这个单词在近年来比较流行。后者的希腊文词根 'επιστήμη 指知识、智慧、熟练、经验、学问、科学知识，复数形式 'επισταμαι 指各种科学。与此相关，在德语中有 Erkenntnis 和 Erkenntnistheorie 这两个词，即认识和认识论。认识所对应的这些单词在其语言环境中并没有明确的界定，它的含义是大致约定或默许的，意味着对某个东西的认识，要么指如何去认识，要么指认识到了什么，但为了研究的方便，我们必然需要对认识这个概念进行限定或辨析。

认识几乎可以说是人类世界与动物世界的主要区分。我们将有限世界分为被认识的和执行认识的两类，被认识的就是认识对象，即客体，执行认识的就是某类动物和人类。我们所言的认识一般指人类认识，后来发现某些动物也有认识，这是从认识概念扩展出来的用法。我们起初认为，人就是认识的动物，但自从认识概念可以扩展到动物身上后，这个定义便被推翻了。定义被推翻了，就意味着认识推进了，而并不是说已有的认识是错误的或不可取的。在认识的含义延伸的过程中，被波及的含义就是其涵盖的含义。有了人类认识这个明确的含义，我们就不至于在其扩展中增加混乱。所以，当我们把认识作为人与动物的区分时，所指的就是人类认识，而非人与动物都有的那些认识。这个区分的科学意义在于进一步去限定研究对象以便得到更为细致的认识，而不是说必然如此。

当我们讨论问题的时候我们就是在谈论各自的认识。几乎可以说，只要开口说话，如果不是在表达诉求，就是在表达认识。但我们需要知晓的是，人的诉求中必然包含着认识，没有认识，也就无法满足诉求。在人类社会的交往活动中，我们被认识牵带着或包裹着，没有认识就无法满足更多需求，没有认识就没有生产效率，没有认识就无法迥异于其他生命体。

认识的具体含义就是认识成果，是关于对象的认识，作为哲学或科学而言，就是我们获得的不同程度的理论，它们都建立在概念之上。但如果我们研究概念之间的推演关系及概念的综合体特质，那么，形成的无外乎就是逻辑学或具有宽泛的认识成果之特征的学问。基于此，可以再度在已有的认识成果的基础上发现逻辑关系或逻辑规律，发现认识与认识之间的演化关系，在这些演化关系中找到可以固定地存在于诸认识之间的形式关系，并把这些形式上的推演关系视为决定认识之可能和使认识得以有效的本体，这实质上形成的就是认识的形而上学。但这样的形而上学无法满足我们更高的理论需求。逻辑学、认识的形而上学一直在尝试给出对人的认识活动或知识的根本解释，但这种努力一直推进不大。新的逻辑学研究推进了描述系统向更精准的符号运算方向发展，但不是对认识发生问题的讨论，这些问题在他们那里都是自明的，或者说都没有成为问题，如个体对象的确立、谓词关系的确立、整体性观念等，都没有成为问题。形而上学的认识论在这方面几乎没有什么进展，以至于哲学领域中人们也认为认识论不会发展了，问题很简单，所以认识论研究相比其他类型的哲学研究，显得冷冷清清。究其原因，如果没有新的理论目标的引领，人们对问题便会感到索然无味。

二、认识行为和认识对象

如果我们将有限世界分为被认识的东西和执行认识的东西之后，"执行认识的"意味着的就是认识行为。但要讲明什么是认识行为并不容易，我们几乎无法只是通过定义或说明来让人们清楚地理解什么是认识行为。对它进行定义的困难在于很难找到合适的种属关系去界定它，因为它的更高的种和与之并列的属无法确定，或这种确定处于一套烦琐却不确定的系列中，即使对其进行确定也不见得就有成效，所以，要暂且避开这种定义方式。对其进行说明的困难在于"行为"一词存在诸多歧义，且这些歧义之间难以形成意义的发展脉络。解决的方法已经不限于语言层面了，必须借助人的直观及内心的反思。行为在部分意义上意味着执行，部分意义上意味着被执行，部分意义上意味着它会有一个结果上的表现，即它是形成结果的要素。在这个意义上，行为展现为一个过程，是导致某一结果的诸要素的贯通者，执行的是综合化的功能，所以，它是通过要素之联结体所体现出来的执行者，而不是自身显现出来的东西。相应地，被认识的东西就是认识对象。这二者是我们在自己的意识平面内主动区分的，对此只通过说明或定义无法获得充分的理解，因为对认识的进一步理解就意味着将它分为部分，然后再构造和描述出部分之间的关系。认识对象就是我们要认识的东西，它是我们在意识中将其作为认识对象的。对象作为认识的对象时就是客体的存在，当其作为研究主题并置于语言表达的结构中时，就是命题中的主词。

换言之，与认识对象相对而言的在意识的内在直观中被区分出来的东西就是认识行为，二者是通过意识最基本的"两者之关联"形式被填充后而主动区分出来的东西，它是意识的构造物，并不是像自然客体那样的实在客体，这是我们在意识的内在直观中把握到的情形。但在对其进行解释的时候，我们可以将认识行为解释为形成认识的过程，解释为如何认识和怎么认识的问题，或更为通俗地使用"方法"一词来说，就是用何种方法来认识对象的问题，在此意义上，方法就是认识行为的体现，是调配要素的做法或行为。方法是一个明确的词，而认识行为并不是一个明确的词，它是意识的构造物，是虚设的，是设立在所有认识对象之前的含混的统一体，如果离开了认识对象，对它就无从解释。我并不反对力图以生物反应机制来研究认识行为的科学研究，但我认为在意识平面中就意识自身把握意识自身的研究尚未获得明晰化的推进之前，这种研究的有效推进还有很多待解决的问题，至少要通过哲学层面的深层辨析，获得其明确有效的研究对象。有了明确的、真正的研究对象后，它才可能成为一门真正的科学。认识行为要进一步具体化，才能成为其真正的研究对象。这种研究如果有一个明晰化的机制预设后，研究起来要好一些，如果没有，只是通过实验的观察和总结恐怕是事倍功半的事情。所以，上述分析立足的是意识自身的内在直观与处理方式，它对其他研究具有引导作用，在直观无能为力之后，再尝试其他的方法。

认识论研究必须考虑自己的认识对象，但它对认识对象的考虑与经验科学的认识对象是不一样的，经验科学的认识对象是可以具体化的自然物或自然客体，这样的自然客体具有自然的实在性，可摸、可触、可视，或通过各种仪器、工具等这样的人的感官、机能的延伸物可感知到，经验科学表达的是它对认识对象的认识，如果认识论要涉及这样的认识对象，则考虑的不是经验科学那样的认识对象，而是经验科学是"如何认识"它的对象的问题，它获得的不是自然客体的认识，而是对"如何认识"的认识，而这才是它的研究对象，即认识论的客体。当"如何认识"成为认识对象后，这样的认识对象又有了一个认识它自身的"如何认识"，而这个"如何认识"也是认识行为，或是认识的主体。因为在这样的思考中，存在一个认识的模式，就是每一个认识客体都有一个认识的主体，认识被理解为主体对客体的认识。但这种认识模式用于认识论研究时，为了寻求彻底的认识，就会导致无穷追溯，对此，笛卡尔是用绝对自明性来解决的。这种解决方式是可取的，在认识论研究中达到自明性就算是实现了目标，没有必要将问题无穷化。仅当我们有了更高层次的认识目标时，就需要前进到更深层次的自明性。而认识模式作为方法，是为实现特定的目标服务的，它不是积木游戏。

"如何认识"的问题是围绕"人"的行为而展开的，这涉及两方面的内容，一方面是构成知识的形式，另一方面则是人作为生物体而表现出的其他行为，如态度、可观察到的生物体活动样态，由前者作为认识论的研究对象时，形成的就是形式真理的研究，它构成了内在认识论的核心，由后者作为研究对象时，形成的就是外在认识论研究，它构成的是"认识行为"的整体或部分的外在风貌，如注意力、观察力的研究，如人类认识宏观上的整体规律的研究。

三、认识活动和认识过程

通过前面的分析，我们知道"认识"是一个相对宽泛的概念，与之相关的认识活动这个概念也有类似的情况。当我们谈到认识活动的时候，自然也会想到认识，想到认识对象和认识行为，也会想到认识的结果，在这个意义上，认识活动似乎也是一个含义宽泛的概念。但是，与其相关的这三个术语已经获得了澄清，认识活动与之相比，要么不包含它们，要么明确地把其中一个或两个包含在自己之中，以形成自己的明确含义。在不包含的情况下，认识活动与前三者都不相同，但这是不可行的做法，所以，它必须包含前面的东西。由于活动的含义可以是行为，所以，它至少要包含或等于认识行为。由于认识行为已经被我们确定为形成认识的诸要素的贯通者，初步地确定为认识论的研究对象，但它与认识对象的关系不能在其自身中一并处理，所以我们选用认识活动一词以涉及这种关系，在关系的涉及中必然要考虑二者各自的情形，这样，认识活动就不仅意味着要处理认识行为的问题，也意味着要处理认识行为与认识对象的关系问题。因此，我们将认识活动视为认识论的研究对象时，能够将诸对象统一于其下，且一方面不至于像将认识作为认识论的研究对象时，会把逻辑学和形而上学混同进来（形而上学就是整个世界的逻辑学），因为它们已有自己明确的研究对象，前者研究的是思维工具，后者研究的是本体；另一方面，也将其与知识的形态学区分开来，这种学说以往也是将自己视为认识论研究的，但由于其没有清晰地去界定自己的研究对象在知识群落中的位置，所以，其最终变成了认识的形而上学。这是一种虚化的形而上学，它实质上已不是形而上学，它的根据最终将导向神秘化。

认识过程由于不存在与认识行为或认识对象的明显对立，也可以这样使用。之所以这样也是因为：结果是过程的结束，如果我们将认识行为与认识对象对立，那么，作为认识结果的东西就没必要再与认识行为构成对立关系，而是与认识过程构成对立关系。在这个意义上，研究认识结果的形成，就是研究认识过程，就是认识论研究。结果是关于认识对象的，过程是关于认识行为的。而在认识过程中，不只是有认识行为，因为只有行为无法形成结果，所以，认识过程中还必须包含认识对象，所包含的这两者在相互作用下才能形成认识结果。因此，在对认识过程的研究中，认识行为与认识对象相互作用，这恰恰也是在认识活动的研究中同样涉及的东西。

在这个意义上，执行认识的过程也是认识活动。因为认识行为是意识功能的体现，所以，它就是意识活动中的一部分，是力求获得明晰的认识的意识活动。在窄化的意义上，认识活动就是意识活动，这样我们就把认识论研究拉入意识研究的范围之内，从而将研究对象进一步明确化，在意识活动中考虑认识行为和认识对象的问题。这样做的好处是一方面执行就意识自身把握意识自身的研究，另一方面也为意识活动的自然科学研究留下空间。

但认识活动还可以包含其他的含义，这是由认识活动在影响其发生的过程中所牵涉的其他因素造成的。如我们通常认为的，实践活动是认识活动的基础，认识是从认识到实践再到认识的循环往复的过程。在这样的看法中，认识与实践本是纠缠在一起但又相互有所区分的，它们是不同行为阶段针对侧重点不同的目的而执行的行为的称谓，区分之处在于它们总是先后出现在不同的环节之中：我们谈到实践时，就会想到在它之前先有认识的存在，我们谈到认识时，就必然会想到它之前有实践的存在，否则，就不能形成认识。因此，马克思主义思想中的实践论理所当然地成为认识论研究的内容。

辨析了与认识活动相关的这几个术语后，在理解活动中我们就可以对已有理论中那些含混的用法做出区分，在合适的含义之间进行切换，明白已有表述中的"认识"在何种情况下指认识成果或理论成果（即通常所说的"认识"），在何种情况下指认识行为，在何种情况下指认识活动，后两者在现代汉语中实则就是认识的动词性含义。如在"人的自身认识决定了他自己的道德行为"这样的看法中，"认识"指的是与道德行为相关的认识结果；在"人的认识总是与所认识的对象相关的"这一看法中，"认识"既可以指已有的认识成果，也意味着认识行为的存在；在"如何认识对象"的表述中，其中的"如何"所指的就是认识行为，"如何认识"指的是方法、手段。

四、认识论科学与意识研究

认识论作为哲学研究或科学研究，最基本的工作是确立两个方面的东西，一个是研究的对象，另一个是研究的目标。对于研究的目标，我们可以从已有的一些典范科学中借用，当然也可以根据认识论研究的进展逐步修正或确认。更全面或更系统、更精细、更彻底、更简练、更协调或更和谐、更贴切、更容易理解等，这些都可以成为认识中进一步的目标。此外还包括知识的纯度、适合度或普适度等。对于研究对象而言，可能存在着不同类型的研究对象，或在研究的推进中会发现新的更为切实的研究对象。对于研究方法而言，方法是为了实现特定的目的而设计或发现出来的，针对不同的研究对象和研究目标就需要设计或发现相应的方法。因此，也就不存在一劳永逸的方法，方法是根据研究对象和研究目标的变化而逐步创造的。依次有了这三个方面的工作，一门可以相对独立的认识论科学就逐步建立起来了，它不应该像过去的哲学家的认识论那样只是提供一种构想，这种构想除了澄清谬误之外并不能正向地牵引人类的认识前进，或至多为人们的行为合法性提供一个根据，除此之外别无他用，它应该层层推进，引导人们以更为明晰和更为周全的方法上的理念去认识世界及自身。

基于上述分析和考察，我们理所当然可以将以往哲学中的方法论研究作为认识行为的某种研究来对待，吸收其中的养分并将方法研究之一部分纳入认识论研究，如将成型的逻辑排除出去，而研究对构成逻辑的那些要素进行调配的行为，研究构成认识的那些要素的调配行为或调配的方法、做法等，这些要素的调配都是在意识中进行的。就认识的对象而言，认识对象是进入意识中的认识对象，进入后就成为意识中呈现的认识对象，就是在意识中被作为认识对象而存在的表象。于是，意识自身产生的方法或意识的某些行为与认识对象就处于同一个操作平台之上。然后通过对同一平台上的要素组合形成认识，并可以通过特定的标记形成立体的、结构性的及更为复杂多样的认识。通过对组合方式的认识，就可以将其转化在纸上进行更复杂的推演，或转化为计算机程序。传统的认识论问题在这个平面上可以获得统一的解决，这就使认识论研究全部转化为意识层面的认识论研究。这也就是现象学意义上的认识论，这样的意识层面的认识论研究也就与知识的形态学、知识的逻辑学、知识的形而上学这样传统的认识论区分开来。

知识的形态学，就是提取知识的要素形成对知识的一般特征或规律的看法，如人们可以研究逻辑的特征、技术性知识的特征、科学性知识的特征，以及各种不同的知识的特征和规律。知识的逻辑学，从知识是由认识行为作用认识对象而构成的这一角度理解，就可以分为思维的逻辑和事物的逻辑，前者如同一、对立、统一、离散等，后者如因果、无序、相似、不似、位置、时间、包含、无关等。知识的形而上学，则是指知识的最终决定者或产生者。这三种认识论作为曾经的认识论研究是有意义的，但研究是混乱的，如把知识的形态学当作知识的逻辑，把思维的逻辑和事物的逻辑混为一谈，把认识过程与认识行为混为一谈。

以往的认识论研究对认识论对象的划分实则也是隐含着的，其对象或可以分为认识行为与认识对象的作用关系，或分为认识过程和认识结果。但这两种划分的依据是不一样的，前者是主客对立的划分模式，后者是按照时间序列来划分的，所以，这两种划分形成的东西不能被混同起来以用来理解认识论问题。但经过对这种划分的进一步处理，我们可以将认识行为的研究进一步推进到意识层面，将认识对象也纳入意识层面来处理，这样就可以在同一平面内以纯粹的、不掺杂经验的方式去解决认识论问题。认识过程或认识的形成过程，实则也是认识行为与认识对象的作用关系，也以这样的方式得以处理，分解为意识平面内的不同要素。这样，我们在将来就可以将认识论科学的主要部分转变为意识研究。对于知识的特征和规律的研究，即知识的形态学，则仍然可以保留下来，它实则是一种知识形态的历史记载，这样的史学性质的研究，是一门科学的基础工作。

因此，已有的认识论工作从认识结果与其过程而言，可以分为两类：一类是关于认识的结果的研究，如知识的形态学、知识的逻辑学；一类是关于认识过程的研究，对此的研究可以是关于其形态的，也可以是关于其所能够体现出来的逻辑关系。从认识对象和认识行为来分，关于对象的形态或形式的研究、关于对象的逻辑的研究是一类，关于认识行为的研究是另一类。关于认识行为的研究，可以进一步分为生理的或心理的，后者就是指意识自身把握的研究，即纯粹的现象学，前者是自然科学的研究。就认识活动而言，位于意识内部的活动与人作为生物体所呈现的在经验层面可见的认识活动是有差异的，关于前者，我们要么是以意识自身的直观方式去研究，要么通过外部的表现去推证，这样的认识论，就是内在的认识论，而对于非意识层面的外在表现的认识论研究，则可以称为外在认识论。

第二章　马克思主义认识论的含义

在以明确的方式规定了认识论的定义后，接下来需要界定的是马克思主义认识论，或者说何种认识论可称为马克思主义认识论。为此，我们需要分两个步骤，首先需要从历史出发考察马克思主义这一概念，基于此，才能进一步讨论什么是马克思主义认识论。

第一节　什么是马克思主义

我国学术界在经过多年理论研究之后，对马克思主义已有了明确界定，马克思的思想合作者和重要继承者对此也有重要说明，所以，我们现在要做的就是梳理这些定义和阐释，并据此阐明马克思主义认识论概念。

一、已有阐释、定义、研究

已有经典文本中对马克思主义做出阐释和定义的思想家主要有恩格斯、列宁（V. I. Ulyanov，1870—1924）和斯大林（J. V. Stalin，1878—1953），对马克思主义定义较为全面的研究见于我国学者高放（1927—2018）的《马克思主义与社会主义新论》一书中，在国内影响较广的是马克思主义理论教材中的定义，这些定义是集体讨论的结果。此外，在当今西方马克思主义流派中也有对马克思主义的理解或定义。

1. 经典文本中的阐释、定义

恩格斯在 1895 年 3 月 11 日致威·桑巴特（W. Sombart，1863—1941）的信中说："马克思的整个世界观不是教义，而是方法。它提供的不是现成的教条，而是进一步研究的出发点和供这种研究使用的方法。"① 在这段表述中，马克思的整个世界观指的就是马克思主义，因为整个世界观就是其思想中最主要或最基础的部分，就是唯物史观，它理应就是马克思主义的集中体现。但恩格斯在此也强调了另一种更为重要的含义，即不仅在于看法，而且在于形成看法的方法。强调方法，这是从科学论证的角度去谈论问题的体现。观点是基于一定的原则或方法而得以成立的，是与问题的具体前提相关并受其影响的，如果没有方法，就不能形成科学的认识，也就不能有效地推进认识。

在 1913 年为《格拉纳特百科词典》所撰写的介绍卡尔·马克思及其思想的词条中，列宁说："马克思主义是马克思的观点和学说的体系。马克思是 19 世纪人类三个最先进国家中的三种主要思潮——德国古典哲学、英国古典政治经济学以及同法国所有革命学说相联系的法国社会主义——的继承者和天才的完成者。马克思的观点极其彻底而严整，这是马克思的对手也承认的，这些观点总起来就构成作为世界各文明国家工人运动的理论和纲领的现代唯物主义和现代科学社会主义。"② 列宁的这些理解，在很多关于马克思主义的思想研究中都有体现。对于列宁将马克思主义作为工人运动的纲领的观点，在 2021 年修订的国内通行教材《马克思主义基本原理》中，也以相似的表达增补为马克思主义定义的内容。在 1920 年 10 月 2 日《青年团的任务》这一讲话中，列宁说："主要由马克思创立的共产主义理论，共产主义科学，即马克思主义学说，已经不仅仅是 19 世纪

---

① 《马克思恩格斯全集》（第 39 卷），北京：人民出版社，1974 年，第 10 页。
② 《列宁选集·第 3 版》（第 2 卷），北京：人民出版社，2012 年，第 418 页。

一位社会主义者——虽说是天才的社会主义者——的个人著述，而成为全世界千百万无产者的学说：他们运用这个学说在同资本主义作斗争。"① 列宁这里所说的马克思主义，从其基本含义而言就是马克思的学说体系，从具体含义而言是指共产主义科学。这是从马克思最主要的思想贡献来理解马克思主义的。在哲学层面上，列宁把马克思主义视为辩证唯物主义，② 在社会变革问题上，把马克思主义与改良主义相对立。③ 相比恩格斯的著作，列宁著作中对马克思主义这一术语的使用是最多的，也正是通过列宁的阐述，马克思主义这一称谓才影响广泛，深入人心。

斯大林说："马克思主义不只是社会主义的理论，而且是一个完整的世界观，是一个哲学体系，马克思的无产阶级社会主义就是从这个哲学体系中逻辑地产生出来的。这个哲学体系叫做辩证唯物主义。很明显，阐明马克思主义，也就是阐明辩证唯物主义。为什么这个体系叫做辩证唯物主义呢？因为它的方法是辩证的，而理论是唯物的。"④ 这个理解与列宁的一些理解是一致的，且把马克思的社会主义理论视为其哲学的产物，更强调马克思主义哲学的作用，这也就意味着斯大林把马克思主义视为一种哲学。但从其他一些论述来看，斯大林也是将马克思主义当作一种科学体系来看待的。斯大林说："马克思主义是什么呢？马克思主义就是科学。"⑤ 在《联共（布）党史简明教程》的结束语中，斯大林说："马克思列宁主义的理论是关于社会发展的科学，关于工人运动的科学，关于无产阶级革命的科学，关于共产主义社会建设的科学。"⑥ 1950 年，斯大林在《马克思主义与语言学问题》一书中对马克思主义的定义是："马克思主义是关于自然与社会发展规律的科学，是关于被压迫和被剥削群众的革命的科

---

① 《列宁选集·第 3 版》（第 4 卷），北京：人民出版社，2012 年，第 284 页。
② 《列宁选集·第 3 版》（第 2 卷），北京：人民出版社，2012 年，第 13 页。
③ 《列宁选集·第 3 版》（第 4 卷），北京：人民出版社，2012 年，第 327 页。
④ 《斯大林全集》（第 1 卷），北京：人民出版社，1953 年，第 340－341 页。
⑤ 《斯大林选集》（上卷），北京：人民出版社，1979 年，第 570 页。
⑥ 联共（布）中央特设委员会编，中共中央马克思恩格斯列宁斯大林著作编译局译：《联共（布）党史简明教程》，北京：人民出版社，1975 年，第 390 页。

学，是关于社会主义在一切国家中胜利的科学，是关于共产主义社会建设的科学。"[1] 斯大林对马克思主义的定义或阐释已经接近我们今天通行教材中的定义，其不仅涉及了马克思的主要思想，而且也涵盖了马克思的哲学思想，指出了马克思主义的科学性特征，也把列宁主义视为马克思主义。最后一点以发展的观点看待马克思主义。

毛泽东说："要把马克思主义当作工具看待，没有什么神秘，因为它合用，别的工具不合用。资产阶级的唯物主义不合用，只有马克思的历史唯物主义，就是辩证唯物主义，运用到社会问题上成为历史唯物主义，才合用。马克思创立了许多学说，如党的学说、民族学说、阶级斗争学说、无产阶级专政学说、文学艺术理论等等，也都应当当作合用的工具来看待。"[2] 毛泽东还说："马克思主义一定要向前发展，要随着实践的发展而发展，不能停滞不前。停止了，老是那么一套，它就没有生命了。"[3] 在毛泽东的论述中，马克思主义作为思想，它是为人们的目的服务的，所以，这样的思想就意味着也是实现目的的工具。马克思主义思想合乎我们的实际需求，所以它是能够为我们服务的工具。就工具而言，本身就是为目的服务的，如果不同时期出现了不同的需求或目的，那么，实现目的的工具也应该发展和跟进，才能满足我们的需求，所以，马克思主义也应该随着实践的发展而发展。

在马克思主义发展历程中，这四位思想家对马克思主义的理解有共同之处，如都将其理解为辩证唯物主义，理解为一种科学理论和学说，理解为对社会革命具有指导意义的思想体系，但科学性、适应社会发展需求是其不变的核心。

2. 马克思主义概念的学术史研究

关于马克思主义这一概念定义的历史，国内最为全面的研究见于高放

---

① 《斯大林选集》（上卷），北京：人民出版社，1979 年，第 538 页。
② 《毛泽东文集》（第 8 卷），北京：人民出版社，1999 年，第 263 - 264 页。
③ 中共中央文献研究室编：《建国以来重要文献选编》（第 10 册），北京：中央文献出版社，1994 年，第 126 页。

所著的《马克思主义与社会主义新论》一书中。该书出版于 2007 年。高放认为，对马克思主义的定义在理论界仍然缺乏共识，马克思生前并不赞成用"马克思主义"这个提法，马克思说："我只知道我自己不是马克思主义者。"在马克思逝世后，考茨基（K. Kautsky，1854—1938）等人为肯定马克思一生的重大理论贡献，开始使用"马克思主义"一词，晚逝于马克思的恩格斯在其晚年的信中也使用"马克思主义"一词，但生前从未给"马克思主义"下过定义。后来，考茨基和普列汉诺夫（G. V. Plekhanov，1856—1918）等理论家都写过有关马克思主义的论著，但并没见到定义和说明。为"马克思主义"下过定义的分别是列宁和斯大林（定义在前面已列出）。高放在为《中国大百科全书·外国历史》撰写词条时，关于马克思主义的定义的草稿是："国际无产阶级领袖和导师卡尔·马克思和弗·恩格斯创立的无产阶级和全人类解放的科学。"这一定义在正式出版中删改为"国际无产阶级领袖和导师 K. 马克思和 F. 恩格斯创立的思想体系"。高放本人在后来的研究中所坚持的定义主要是："马克思主义是马克思、恩格斯创立的关于无产阶级和全人类解放的科学。"高放在该书中还列举了国内学者吴江的定义："马克思主义是一门历史科学，是关于人类社会发展的大史学，同时也是一门关于人类解放的学说。"①

　　高放的这些考证和研究影响较大，在后来的多个研究中都被参考，或者说后来很多研究中对马克思主义的定义不出乎高放的研究及定义。

　　相对而言，高放和吴江的定义都突出了马克思主义最具代表性的思想，关于无产阶级和全人类解放的系统学说，这是之前思想史中没有的。这的确可以体现马克思和恩格斯的思想贡献，但其思想中仍有一些值得挖掘和思考的地方，这是在后来的研究中发展马克思主义的思想基础。用其思想体系代指马克思主义也是有合理性的。但这个定义无论如何变化，关于无产阶级和人类解放的思想主旨是不能变的，因为这其中蕴含着马克思

---

① 参见高放：《马克思主义与社会主义新论》，哈尔滨：黑龙江人民出版社，2007 年，第 58–62 页。

学说的历史目标。

3. 国内通行教材中的定义

此外，关于马克思主义的定义还见于两本先后通行的教材《辩证唯物主义与历史唯物主义原理》和《马克思主义基本原理概论》中。在《辩证唯物主义和历史唯物主义原理》（第5版）中没有对马克思主义的定义，但其中关于马克思主义哲学的定义对我们的研究具有重要参考价值，这个定义是："马克思主义哲学是一个以科学的实践观为基础，唯物论和辩证法、唯物主义自然观和历史观'一体化'的理论体系。"[①] 在这个定义中，马克思主义基本原理中最主要的关键词都出现了，却没有点出马克思在科学上的贡献。马克思主义哲学是基于社会现实而充分予以系统化的认识或科学，是力求对自然世界和人类社会提出更具统一性的解释的哲学思想，唯物论、辩证法等只是其部分内容，而系统并不是部分的简单相加。

在《马克思主义基本原理概论》（2015年修订版）中，对马克思主义的定义是以多角度、再综合的方式给出的："从它的创造者、继承者的认识成果讲，马克思主义是由马克思、恩格斯创立的，而由其后各个时代、各个民族的马克思主义者不断丰富和发展的观点和学说的体系。从它的阶级属性讲，马克思主义是无产阶级争取自身解放和整个人类解放的科学理论，是关于无产阶级斗争的性质、目的和解放条件的学说。从它的研究对象和主要内容讲，马克思主义是无产阶级的科学世界观和方法论，是关于自然、社会和人类思维发展一般规律的学说，是关于资本主义发展及其转变为社会主义以及社会主义和共产主义发展规律的学说。概括地讲，马克思主义是由马克思、恩格斯创立的，为他们的后继者所发展的，以批判资本主义、建设社会主义和实现共产主义为目标的科学理论体系，是关于无

---

① 李秀林、王于、李淮春主编：《辩证唯物主义和历史唯物主义原理》（第5版），北京：中国人民大学出版社，2004年，前言第2页。

产阶级和人类解放的科学。"① 这个定义在 2018 年版中修改为："马克思主义是由马克思和恩格斯创立并为后继者所不断发展的科学理论体系，是关于自然、社会和人类思维发展一般规律的学说，是关于社会主义必然代替资本主义、最终实现共产主义的学说，是关于无产阶级解放、全人类解放和每个人自由而全面发展的学说，是指引人民创造美好生活的行动指南。"② 在 2021 年版的教材中，与 2018 年版的定义相比，在"是指引人民创造美好生活的行动指南"前增加了"是无产阶级政党和社会主义国家的指导思想"③，其余与 2018 年版完全相同。随着这些年来马克思主义研究和理解的进展，这个版本的定义有主有次，有角度，有时代性。

4. 西方马克思主义者的定义或阐释

此外，还有一些看法对于我们厘清马克思主义的含义也有参考意义。

波兰哲学家莱泽克·科拉科夫斯基（L. Kolakowski，1927—2009）认为："马克思主义是列宁主义的本原"，"马克思主义允诺社会将是统一的，个人与社会之间的所有障碍将被消除"；"列宁主义—斯大林主义的社会主义模式是对马克思学说的一种可行的解释，尽管这当然不是唯一可行的解释"；"列宁主义—斯大林主义式的马克思主义只不过是一种翻版，即只是一种把马克思以哲学形式表述的一些不带任何明显政治阐释原则的思想付诸实践的尝试"。④ 这些理解中，列宁主义、斯大林主义是马克思主义的一种发展形式，且更多地带有实践的色彩。这一理解也似乎告诉我们，马克思主义可以分为理论上的马克思主义和实践上的马克思主义。这也是对马克思主义进行理解和区分的重要视角。作为一种可行的解释，是为具体的时代问题而服务的，但理论目标和实践目标理应允许以不同的方式被

---

① 本书编写组：《马克思主义基本原理概论》（2015 年修订版），北京：高等教育出版社，2015 年，第 2 页。

② 本书编写组：《马克思主义基本原理概论》（2018 年版），北京：高等教育出版社，2018 年，第 2 页。

③ 本书编写组：《马克思主义基本原理》（2021 年版），北京：高等教育出版社，2021 年，第 2 页。

④ ［波兰］莱泽克·科拉科夫斯基著，唐少杰译：《马克思主义的主要流派》，哈尔滨：黑龙江大学出版社，2015 年，第 424 – 427 页。

实现。

在西方马克思主义研究中，金寿铁形象地比喻道："马克思主义是具体的乌托邦。"① 这一比喻与特里·伊格尔顿（T. Eagleton，1943—　）对"马克思主义是乌托邦主义"的批判相关。伊格尔顿在《马克思为什么是对的》一书中对反对马克思主义的观点进行了批判，这种典型的观点认为："马克思主义不过是乌托邦之梦。它将希望寄托于一个完美的社会，那里没有艰难，没有痛苦，没有暴力，也没有冲突。"② 与前面诸多对马克思主义的理解相比，这里的理解仅仅把马克思主义视为社会理想，而没有再去强调其思想的系统性或科学性方面的含义，这就使马克思主义看起来只是一种美好的社会理想，或只是美好的社会理想中的一种形式。而伊格尔顿的批评在于表明不能否定马克思主义理论在将来的现实性。

按照我的理解，马克思从社会历史发展的规律性认识出发，给出了社会矛盾的解决方案，从短期来看，它断然没有能够实现解放全人类的目标，也曾遭遇过失败，但将其放在数千年的历史时间段来看，这一理论中对社会将会出现的现实性东西的预见是必然要实现的，这是由历史的"大的规律"决定的，如今天没有谁能看到地球上还有奴隶社会和封建社会的存在，即使这些社会形态中遗留下来的某些观念还没有完全消失，有时在社会行为中还有出现，但一经发现，就会被人们反感和抵制，这说明一旦人们体会和认可到了一种美好的理念，就会毫不留情地抵制旧的思想观念。

二、对上述定义的辨析

在对以上这些具有代表性的马克思主义的定义或阐释、研究进行摘录

---

① 金寿铁：《希望的视域与意义：恩斯特·布洛赫哲学导论》，北京：商务印书馆，2016 年，第 31 页。

② ［英］特里·伊格尔顿著，李杨、任文科、郑义译：《马克思为什么是对的》，北京：新星出版社，2011 年，第 68 页。

和简要评析后，我们还需要通过进一步的辨析，确定一种理解马克思主义的思路。就马克思主义这一称谓而言，首先需要辨析的是"主义"这个概念，然后再结合上面的阐释或定义，推演马克思主义应有的定义类型。

1. "主义"在构词中的含义

"主义"一词的基本解释应为"某种主张"，它的基本用法形式是"××主义"，在韵文中有时会独立使用，但实质上是搭配成分省略了，余则一般不独立使用。"主"的含义是主要、坚持、处理、决定、尊上等，进一步解释就是优等的，执行意愿高的。"义"的含义就是合乎道义。道义是公允的法则，既可以指世界的规律，也可以指人的行为法则，理解为正义的东西、事与物的义理、价值观都是可以的，在中文中，除"意义"这个含义外，"义"更多地指行为的原则或理念。这两个字还有其他含义，与我们所需要的含义相去甚远，不再赘述。这两个字构成词组，组合起来的含义，我认为就是"值得坚持的某种东西"。"值得的"包含着主要的、优等的含义，"坚持的"意味着是值得发扬的、决定要执行的，合起来就是"奉行的"。"某种东西"，在补足其所要含摄的义项时，要么是值得坚持或奉行的思想，要么是与某种行为或行事取向相关的主张，即简单的价值原则或行事取向，如快乐原则、享乐主义等。其中，价值原则或行事取向是与思想或道义相关联的，后者是前者的系统化发展。有些思想和观念是一个系统，有些并不是，有些价值原则和行事取向有一个论证的系统，而有些也没有，但这些都可以是所奉行的东西。

从词源上看，"主义"一词常用来补足翻译英文的词尾"-ism"或德文词尾"-ismus"，这两个词尾写法虽不同，但含义、用法完全相同，意为有特色的做法、系统或哲学、有代表性的某种政治观念或某种行为的必然要素。这个词尾在英文中参与构词是17世纪晚期才开始出现的情形，它用来构成行为、状态、条件、学说的名词词尾，源自法语的"-isme"，直接来源是拉丁语的"-isma"和"-ismus"、希腊语的"-isma"，它们都源于希腊语"-izein"这个动词性词干。从这个词干演变而来的词缀还有

"-istes"，后来，希腊语的词缀"-ismos"演变为英文的"-ism"，"-istes"演变为英文的"-ist"，在古希腊语中，当"-izein"切换为"-ismos"时，也表示了动词所要执行的对象，切换为"-istes"时，表示了动词行为的执行者，如 artist（艺术家）。[①] 从词缀的切换情形来看，"主义"既可以指奉行的东西，也可以指奉行某种行为原则的人，即"某某主义者"，在其作为行为的执行者（-ist）而言时，就是艺术家、科学家等。

综合"主义"的汉语构词和西文词源来看，"某某主义"我们可以简化地理解为"奉行某种思想观念"。相应地，"马克思主义"从字面上理解就意味着"奉行马克思的思想观念"。

2. 从构词推演马克思主义的定义

从这个简单明确的含义出发，我们就可以在此基础上构建或理解关于马克思主义的一些定义或阐释。诸多增加的含义意味着我们在"马克思的思想观念"之上，还可以合理地增加一些内容。以下我们分步予以理解。

第一步，马克思的思想观念不仅包括其政治经济学这一突出的贡献，而且包括其科学社会主义思想，前者是后者的基础，还包括马克思的哲学思想。这就意味着这三部分思想内容都是马克思主义思想。这里还存在两个方面的分歧。如果有人认为马克思的理论朝向的最终目标是实现共产主义，其余的思想都是为此服务的，那么，马克思主义就可以被定义为关于人类解放的学说或科学，或体现其科学社会主义的方面。我认为这是高放之所以坚持自己的定义而与别人产生分歧的原因。如果人们不在三部分的思想之间进行孰重孰轻、孰主孰从的区分，就简单定义为马克思的思想观念或思想体系就可以了。有所侧重和不做重心分配，这两种定义各有好处。而定义总是有其利弊，但并不一定是有碍于学说的发展和成为对它产生误解的全部要素。

---

① 对此，读者可以查阅相关的拉丁语语源词典。另参见：陆继东：《浅谈-ist 的特点》，《外语研究》1987 年第 4 期；王麦莅、崔德民：《英语后缀"-ist"的由来与演变》，《河北师范大学学报》（社会科学版）1995 年第 1 期。

第二步，当我们把恩格斯视为马克思思想的共同创立者时，他们的理论基础和内核是一样的，因此，恩格斯的思想就成为马克思主义的思想。

第三步，奉行以上两个步骤中所定义的马克思主义思想，并于实际活动中在维持马克思主义思想内核的同时，进一步合理阐释和发展了的思想，当然也应该属于马克思主义，这样的马克思主义也可以以具体的阐释者命名，如列宁主义、毛泽东思想。

第四步，在进一步的扩展中，奉行马克思主义的思想家和革命家提出了已有马克思主义思想中尚未论述或涉及的问题，这些论述如果契合已有的上述马克思主义的思想内核，那么仍可以属于马克思主义，如果看不出契合点，那么，就只能属于马克思主义的流派了。流派往往是在思想传播和研究的成熟期出现的。而单纯的学派概念则在主要的原则上没有发生含义的扩展。

根据上述含义予以推论，前述关于马克思主义的定义可以分为四类。

第一类是就马克思本人的思想体系、主要思想和部分思想而言的，但这些思想一定是马克思在人类思想史上独特的东西，是马克思所创造的思想。

第二类不仅指马克思的思想，也指恩格斯的思想，这是由恩格斯和马克思具有共同的学术理念和思想理念并且存在思想创作的亲密合作关系所决定的。

第三类就是奉行前两类马克思主义的思想继承者根据具体的历史现实阐释或发展了的思想，它既可以以具体的产生者命名，也可以以马克思主义命名。

第四类指马克思主义的流派，这是从前三类思想中发展出来的，但其中的一些思想有可能会在一定角度上偏离马克思主义创立者的本意，虽有思想交集，但只是具有较少的思想交集，从而处于马克思主义与非马克思主义的中间地带。

在此，人们根据这样的推演步骤可以自行将前述马克思主义的定义进行归类。事实上，人们根据这样的推演步骤可以对任何意义上的"某某主义"的阐释和定义进行归类，其中，第一类和第二类可以合并为一类。但需要注意的是，当一种思想演化为不同的流派时，往往意味着其中的一些流派已经偏离了原来的思想。

第二节　什么是马克思主义认识论

依照上述对马克思主义定义的类别的论述，已有的马克思主义认识论应该属于第四类定义，即马克思主义的流派，因为这种认识论是从前三类马克思主义所定义的思想内容中发展出来的。依照前三类定义，如果无限制地扩展马克思主义的思想内容并依照其中很少论述的思想而构建相关的思想体系，如依据与马克思核心思想不紧密的观点构造的思想认识，或基于对马克思主义中的主要观点和方法的不恰当理解而构建出一套思想系统，那么，这并不利于维护马克思及其主要继承者的思想体系，反而有损这些已有的成熟思想，所以严格来说不能称为马克思主义。但马克思主义认识论是完全可以称为马克思主义的，因为恩格斯、列宁、毛泽东都有关于认识论方面的思想，这些思想表述了关于认识活动的一些基本的思考，只要不偏离这些基本的立场，建构的认识论对于理解马克思主义的相关思想仍然是有积极意义的。但在我们接下来的研究中，研究的不是这些建构起来的马克思主义认识论，而是研究马克思、恩格斯、列宁、毛泽东在认识论方面的思考，我们将这些思考称为马克思主义的认识论思想。此外，还应该包括狄慈根（J. Dietzgen，1828—1888）和科普宁（P. V. Kopnin，1922—1971）的认识论研究，前者是马克思同时代的人，是马克思主义者，他的认识论是马克思等人所赞成的，后者对马克思主义认识论的研究较有价值。通过对他们的认识论思想的研究，吸收其中的养分，以尝试对人类的认识活动有一个更为彻底和细致的把握，这是我的工作目标。对于那些建构起来的马克思主义认识论研究，我们进行简要归类，重新思考其中的问题，而不是照搬照抄其中的结论，以此扩展我们的问题视野，使之有利于我们的认识论研究向纵深开展。

一、马克思主义认识论作为认识论思想

在我们的研究中，马克思主义认识论作为认识论思想，有别于那些基于这些认识论思想而建构起来的马克思主义认识论。马克思及其思想的合作者和继承者或多或少都有对认识论范围内的问题的相关论述，具有代表性的也较为人们所认可的关于马克思主义认识论的表述，是毛泽东提出来的："一个正确的认识，往往需要经过由物质到精神，由精神到物质，即由实践到认识，由认识到实践这样多次的反复，才能够完成。这就是马克思主义的认识论，就是辩证唯物论的认识。"① 这一论断基于列宁的论述，从认识的产生和发展过程描述了认识过程的整体形态或外在形态，这与先验的认识论有着明显的区别。由此，人们也将马克思主义的认识论称为辩证唯物主义的认识论。这一看法可以视为马克思主义认识论的纲领性表述，也是国内一些马克思主义认识论研究者所持的观点。但这些论述我们称为"认识论思想"较为合适，并不能视为认识论的系统化研究或科学化研究，因为它需要很多的细节工作去丰富和充实后才能真正推进至系统化的认识论科学，需要在"科学实践"中去进一步检验它，这也是从"研究"这个词在当今学术体系中已经必然地体现了"科学化或系统化的做法"这一含义而言的，除非人们不讲究这个含义。这也意味着，当我们称谓马克思主义认识论的时候，最合适的所指是马克思及其合作者、继承者的认识论思想，而不是认识论的系统化和科学化研究，因为这里面的很多

---

① 《毛泽东著作选读》（下册），北京：人民出版社，1986 年，第 840 页。

工作并不是已经完成了的。

这些认识论思想为构建满足更高理论需求的认识论提供了理论思考，但构建的认识论没有必要再度冠上"马克思主义认识论"之名，一方面是因为马克思及其继承者没有系统的认识论著述，另一方面是因为理论的构建是有风险的，它需要在认识的历史中接受质疑或推敲，如果经受不了时代和历史的考验，就会使人们误解马克思及其合作者、继承者的思想，或许也会扭曲人们对马克思主义的认识。在这种意义上，它是危险的甚至可能是有害的做法。以相似的理论替代某一理论，如果不是心怀叵测的理论家为了颠覆某一理论而制造的"阴谋"，那就是不可取的做法。

因此，当使用马克思主义认识论这个称谓的时候，我们具体所指的是马克思及其思想合作者和继承者的可以归属于认识论范围内的思想，或关于认识活动的思考和论述，并不是指关于认识论的马克思及其合作者或继承者的思想体系或科学体系。这是比较慎重的做法，是避免教条化的研究的做法。在教条化的研究中，人们往往把重要的马克思主义思想家的论点当作理论前提或认识的出发点，而不去充分分析这些论点或结论的合理性，也不是从实践到认识，再从认识到实践的反复推进过程，所以，难以对理论研究产生实际性的突破。对于教条化的做法，恩格斯也是持批评态度的，恩格斯说："我们的理论是发展着的理论，而不是必须背得烂熟并机械地加以重复的教条。"①

对于过去冠名为马克思主义认识论的哲学研究，虽然存在替马克思等人建构一门认识论的愿望，但我们也只应从认识论思想的研究角度去看待它们，如此才能合理地从中吸取思想养分，而不是把研究视为教条的重复。除此之外，我们还应该秉持这样的观念：今日的认识论研究必然是科学化、系统化的研究，其更高的理论需求是构建关于认识活动的科学。这个明确的界定有利于我们清晰合理地吸收马克思主义的认识论思想，而不

---

① 《马克思恩格斯文集》（第10卷），北京：人民出版社，2009年，第562页。

至于因为自己的认识中存在着含混而不负"责任"地僭越它们。

我们的马克思主义认识论研究，意在分析上述含义中的认识论思想。在这里的研究中，我们应该把西方马克思主义思潮中关于认识论的思考排除出去，因为这个流派的界限是不确定的，几乎没有一个共同的纲领，如被视为现象学家的萨特（J. Sartre，1905—1980）、梅洛－庞蒂（M. Merleau-Ponty，1908—1961）等人也被视为西方马克思主义思潮的人物，此外还有阿尔都塞（L. P. Althusser，1918—1990）、阿多诺（T. W. Adorno，1903—1969）等人。这些哲学家或思想家虽然都有认识论的思考，但在时下并不是主流，也没有看到其相对于以往认识论的创见，所以，我们不得不将其排除出去。另外，也是由于这样的原因，我们不得不排除他们：一方面是为了减轻我们研究工作的负担，另一方面也是因为我们尚且看不到他们可以代表一种为更多人所认可的认识论上的创见，更没有看到像现象学认识论和马克思主义认识论中那种科学化的认识取向，虽然其各自的科学化路径是不同的，但对世界的统一性思考和对认识的彻底性奠基的意愿并不明显。对缺乏建构的认识论的批评和思考也要保持清醒，没有肯定是不行的，但多了也没有什么意义，因为在看到问题后，"看到问题"就不再是重要的目标，科学的研究不应止步于此，彻底地解决问题才是重要目标。在一些研究中，很多当代哲学家被视为马克思主义者，一些是有充分理由的，而另一些则没有充分的理由。马克思主义者所坚持的一些观点与现当代的一些哲学家必有相同之处，但各自对人类社会的理论建构和认识需求的建构点是不一样的，人们应该区分不同的理论体系和实际目标，而不是将他们混为一谈。在认识论研究中，更要清醒地认识到这一点。

二、马克思主义认识论的主要论题

马克思主义认识论思想不仅可以在马克思主义的经典著作中看到，在以往的这类研究中也可以看到。这类研究数量众多，代表了一个历史阶段的研究水平和思想观点，代表了相应时代的认识需求和理论需求，代表了相应时代的精神气质和理论气息，但多数已被淹没，有些已无人问津，在近些年的认识论或哲学研究中，其人其书皆不见踪迹，后面我会分类列出其篇目及相关信息以方便研究者进一步查阅、研读。

在已有的冠名以马克思主义认识论的国外研究中，在结构上较为合理的系统化构建的认识论研究是罗森塔尔（M. M. Rozentali，1906—1975）的著作。罗森塔尔在《什么是马克思主义的认识论》一书中，依次从认识的可能性、什么是认识、认识的过程、认识的目标、认识与未来的关系、认识的作用等六个方面系统性地论述了马克思主义认识论，虽然论述部分相对简略，但整体结构是完备的，问题线索是一贯的，写作的整体逻辑是严密的。作者对马克思主义认识论的这些论述相对客观，没有过多添加自己的理论构造，只是按照自己思考认识论问题的线索对其进行了梳理，引入了生动翔实的例子以便读者理解，并以马克思、恩格斯、列宁关于认识论的思考贯通了自己的问题线索。作者没有以另外的特征对马克思主义认识论进行命名，他认为马克思主义认识论就是关于认识的学说，是辩证唯物主义哲学科学的一个重要组成部分。[①] 这一做法与后来的一些研究者有所不同，在后来的研究中，有的将马克思主义认识论称为反映论，有的称为唯物主义认识论，有的称为实践论。这三种称法虽然包含了马克思主义哲学中的基本要点，也突出了马克思主义认识论思想中的重要理论，但并不能从根本上区别马克思主义认识论与别的认识论之间的差异究竟在哪里，也不能区分马克思主义认识论与历史唯物主义之间究竟是什么关系，对理论系统的命名原则缺乏科学、系统的思考。

后来的一些冠名以马克思主义认识论的研究，大都离不开罗森塔尔在这本书中所列的基本论点，如在其中论述物质的第一性、可知论与不可知

---

　① ［苏］罗森塔尔著，张光璐译：《什么是马克思主义的认识论》，北京：人民出版社，1956 年，第 3 页。

论，论述认识的反映前提，论述感性认识和理性认识之间的关系，论述思维在认识中的作用，论述认识的实践基础，论述真理性问题等，只是内容排布的顺序不一样，详略轻重不一样，对一些观点的解释不太一样。如法国著名马克思主义哲学家茄罗蒂（R. Garaudy，1913—2012）在其《马克思列宁主义认识论问题》一书中，基本就是按照这些要素来论述的，他首先论述了可知论与不可知论的问题，然后论述了认识的反映前提，接下来，将认识过程分为感性认识和理性认识两个环节进行了论述。在对感性认识阶段的研究中，加入了巴甫洛夫等人的神经科学的研究成果，来解释感性信号的获得过程，理性认识阶段的论述则与此前的认识论研究无甚区别。

此外，较有创见性的研究是科普宁的《马克思主义认识论导论》，该研究的主要特点是对问题和概念进行了科学化的论证，在研究方式上显得非常严谨，注重对问题和概念的辨析，这与前两者的论述风格大不相同，是值得参考的哲学思考和写作模式。在主要观点上，他坚持传统认识论的立场，将认识视为主体对客体的作用关系，将物质和意识视为马克思主义认识论的基本概念，将知识视为感性和理性的统一，这对于从源头上理解认识论具有启发意义，基于这种关系，作者论述了认识的反映前提。其中所使用的论证要素仍然是罗森塔尔的研究中所出现的。后来国内出现的这类马克思主义认识论研究，基本上也是围绕这些核心问题展开的。

在国内学界的研究中，立足于马克思主义的认识论思想，具有代表性的认识论研究著作是夏甄陶的《认识论引论》，这部著作系统性较强，将主体和客体的关系视为认识论的基本结构，把实践理解为主体和客体之间的"极"的相互作用，把认识理解为主体对客体的观念反映关系，在这个理解基础上，实践和认识就成为一体的、不可分割的东西。除此之外，书中还认为，感性认识和理性认识是掌握客体的基本思维形式。不仅如此，作者还论述了掌握客体的基本方法，以及认识的真理性目标等内容。此外，国内还有一些认识论研究著作，也是基于上述理论要素论述了认识的个体发生和历史发生，论述了价值认识、道德认识的发生等内容。

通过这些认识论研究及马克思、列宁等人的论述，我们可以看到，马克思主义认识论思想中涉及的主要问题有物质和意识、客体和主体、实践和认识、真理与谬误等几个方面。其中，感性认识和理性认识的论述是出现较多、论证也较为详细的部分，大多数研究中都以专门章节论述了这一问题，在后面的研究中，是将其并入认识行为等其他概念中一并论述的，因为它实则属于认识过程的内在探讨，对此，与之前的研究相比，我也没有更好的理解视角，所以不再专门分章论述这一组概念。

三、两类马克思主义认识论研究

依照上述的基本定义、理论阐明和研究状况，从 20 世纪初至今，根据冠名情况（包括以辩证唯物主义冠名），与马克思主义认识论相关的研究，在上述意义上就可以分为两类：一类是冠以马克思主义认识论之名的研究著作，这类认识论研究或多或少是本着构建马克思主义认识论的科学系统这一目的而展开或著述的；一类是没有冠以马克思主义认识论之名但受马克思主义思想的影响而展开的认识论研究或思想著作，这类研究中也包含着富有创新性的重要思想和观点。这些研究主要是在苏联和中国出现，我们根据冠名情况依次罗列在下面。

1. 第一类研究

在第一类研究中，很多研究者都是产生了广泛影响的哲学家或学者，这些研究中有对马克思主义认识论思想的介绍和阐发，有结合自然科学成果对马克思主义认识论的理解和研究，有对马克思主义认识论系统化构建的努力，还有对马克思主义认识论的扩展性认识。其中，肖前主编的《马克思主义认识论研究与我国社会主义现代化建设》论文集，能够代表当时国内这方面研究的较高水平。后来的研究者也有很多创见。国外研究中，科普宁的论述则具有重要的理论建设意义。由于篇目繁多，此处不再介绍这些著作的主要观点和内容，读者可以自行翻阅以审视这些著作的价值。很多著作已经被人们遗忘了。为方便今后的研究者查阅，此处列出这些著作的篇目：

苏联马克思主义哲学家罗森塔尔：《什么是马克思主义的认识论》，该书 1955 年由苏联国家政治书籍出版局出版，1956 年 2 月由人民出版社出版了中译本，译者是著名的马克思主义著作编译家张光璐（1927—2005）；《辩证认识论》，张仲实译，最早于 1939 年生活书店发行，作者在之前被译为"罗逊达尔"；同时，罗森塔尔也是国内最早出版的哲学辞典《简明哲学辞典》（1955）的两位作者之一。

苏联安·瓦·沃斯特里科夫（A. V. Vosgrikov）：《马克思列宁主义的认识论》，千山译，1956 年，上海人民出版社。

苏联皮普内罗夫（P. N. Pipunyrov）：《巴甫洛夫关于两种信号系统的学说与马克思列宁主义认识论》，俄文版于 1954 年出版，中文版由张世臣、张孟献译，1956 年，科学出版社。

苏联马克思主义哲学家科普宁：《马克思主义认识论导论》，俄文版于 1966 年出版，中文版由马迅、章云译，1982 年，求实出版社。这一著作最后部分关于假设的讨论，国内出版过作者的专门研究：《假设及其在认识中的作用》，1958 年，上海人民出版社；《作为认识论和逻辑的辩证法》，赵修义、王天厚等译，1984 年，华东师范大学出版社。科普宁是当时苏联具有很大影响力且被同行真正认可的哲学家。

法国当代共产主义哲学家茄罗蒂：《马克思列宁主义认识论问题》，法文版于 1953 年出版，中文版由任华等译，1958 年，生活·读书·新知三联书店。

黄凤久、于恩滋：《什么是马克思主义认识论》，1956 年，辽宁人民出版社。

李宗阳：《怎样认识客观世界：谈谈马克思主义认识论》，1957 年，陕西人民出版社。

王若水：《马克思主义的认识论是实践论》，1964 年，天津人民出版社；该著在当时影响较大，共印行 34 200 册。

宋育文：《辩证唯物主义认识论浅谈》，1980 年，河南人民出版社。

吴江：《认识论十讲》，1982 年，上海人民出版社。

黄春生：《〈资本论〉中辩证法、认识论、逻辑的同一性》，1987 年，中山大学出版社。

林京耀等：《马克思恩格斯认识论的形成和发展》，1987 年，上海人民出版社。

苏联达拉索夫、契尔年柯：《列宁关于唯心主义认识论根源的学说》，唐合俭译，1987 年，中国社会科学出版社。

刘德福等：《通向真理之路：马克思恩格斯认识论思想巡礼》，1989 年，求实出版社。

陆生苍：《论马克思主义哲学逻辑结构：兼评主客体认识论》，1989 年，四川省社会科学院出版社。

郭罗基：《马克思主义哲学认识论》，1989 年，南京大学出版社。

冯国瑞：《系统论、信息论、控制论与马克思主义认识论》，1991 年，北京大学出版社。

张江明：《社会主义辩证法与马克思主义认识论》，1991 年，中共中央党校出版社。

陈新汉：《马克思主义认识论与真善美》，1993 年，华东师范大学出版社。

胡世明：《当代视野中的马克思主义哲学认识论》，2003 年，中央文献出版社。

欧阳康：《马克思主义认识论研究》，2013 年，北京师范大学出版社，2017 年再版。

陈志良：《思维的建构和反思：重新理解马克思主义认识论》，2017 年，北京师范大学出版社。

此外，还有肖前主编的重要的论文集《马克思主义认识论研究与我国社会主义现代化建设》，1986 年，中国人民大学出版社出版。这部论文集收录了肖前、黄顺基、夏甄陶、王霁、郑杭生、李德顺、崔自铎、庞元正、孙小礼、刘大椿、谢旭这十一位著名学者的认识论研究的论文，这些论文对认识论研究和社会建设有非常深入的理解。

从这些研究来看，1964—1980 年是一个空档期，1980 年之后的研究著作数量和篇幅要多于 1964 年之前，是该研究较为兴盛的一段时期。这些著述的作者都是产生广泛影响的理论家。就国内的这些而言，大多是常年在理论界活跃并从事一线教学的马克思主义理论的工作者，其著作所研究的问题也是马克思主义经典著作中常见的问题。

2. 第二类研究

在第二类研究中，狄慈根的研究是个特例，他不是基于马克思的思想，而是独立地发展出了自己的认识论，其中的思想受到了与之同时代的马克思和恩格斯的高度赞同，列宁也很赞同他的认识论研究。另外，毛泽东的《实践论》是人们都非常熟悉的认识论思想。此外，大多数学者的研究都很有创见，有的见长于问题的理解，有的见长于系统性的构造，有的见长于问题领域的扩展，如价值认识论、社会认识论、史前认识论、情感认识论、评价论、文艺认识论、道德认识论、接受认识论等。由于篇目繁多，在此不再一一介绍其主要内容或观点，与前面的做法相同，此处按中文第一次出版年份列出篇目，以便相关研究者自行查阅。这些著作篇目如下：

德国马克思主义者、哲学家狄慈根：《新唯物论的认识论》，杨东莼译，1929 年，上海昆仑书店。这一著作 1958 年以中文译名《人脑活动的本质》由生活·读书·新知三联书店重新出版，后又收入 1978 年生活·读书·新知三联书店出版的《狄慈根哲学著作选集》。后两次重译，译者仍是杨东莼。另外，狄慈根《一个社会主义者在认识论领域的漫游》收录于《列宁全集》中文第 2 版第 55 卷。狄慈根有很多认识论方面的创见，但国内外研究较少。

毛泽东：《实践论（论认识和实践的关系——知和行的关系）》，1937年油印，1940年由延安八路军军政杂志社出版单行本，后收入《毛泽东选集》第一卷，由人民出版社发行单行本，各省人民出版社翻印数千万册，商务印书馆发行过中英文对照本。

杨献珍：《辩证唯物主义的认识论是反映论》（活页文选第291号），1955年，福建人民出版社。

夏澍：《唯心主义的认识论根源和阶级根源》，1956年，上海人民出版社。

王哲明：《辩证唯物主义认识论对实际工作的意义》，1956年，北京出版社。

苏联彼·斐·柯洛尼茨基：《辩证法、逻辑学和认识论问题》，刘群译，1957年，上海人民出版社。

黄楠森：《群众路线：辩证唯物主义的认识论》，1958年，河北人民出版社。

潘富恩、瓯群：《中国古代两种认识论的斗争》，1973年，上海人民出版社。

张汉云：《聪明才能哪里来：科学发现的认识论》，1980年，教育科学出版社。

朱德生、张尚仁：《认识论史话》，1982年，江苏人民出版社。

陈昌曙：《自然科学的发展与认识论》，1983年，人民出版社。

苏联科诺瓦洛娃：《道德与认识：对现代资产阶级伦理学认识论基础的批判》，杨远、石毓彬译，1983年，中国社会科学出版社。

日本岩崎允胤、宫原将平：《科学认识论》，于书亭等译，1984年，黑龙江人民出版社。

夏甄陶：《认识论引论》，1986年，人民出版社。该著在国内认识论研究领域中影响较大。

张恩慈：《认识论原理》，1986 年，湖北人民出版社。

崔自铎：《认识论研究》，1986 年，求实出版社。

李德顺：《价值论：一种主体性的研究》，1987 年，中国人民大学出版社。该书第二部分为"价值的认识论研究"。该著于 2007 年、2009 年出版了第二版和第三版。

胡万福：《论青年马克思：从认识论观点出发的解释》，1988 年，华中师范大学出版社。

李景源：《史前认识研究》，1989 年，湖南教育出版社。该书经修订扩展后，定名为《认识发生的哲学探讨》，2016 年由中国社会科学出版社出版。

姜国柱：《中国认识论史》，1989 年，河南人民出版社。

陶远华：《理智的困惑：当代社会科学的哲学困境及其认识论研究》，1989 年，东方出版社；《社会认识论引论》，1990 年，云南人民出版社。

欧阳康：《社会认识论导论》，1990 年，中国社会科学出版社出版，2010 年再版，2017 年北京师范大学出版社再版。

潘宝卿：《毛泽东认识论思想的产生和发展》，1990 年，广西师范大学出版社。

宋立军：《认识论新探》，1990 年，广西师范大学出版社。

高文武：《认识活动论》，1991 年，人民出版社。

何萍：《人类认识结构与文化》，1991 年，武汉出版社。

任平：《广义认识论原理》，1992 年，江苏人民出版社。

许志功：《列宁认识论思想通论》，1992 年，解放军出版社。

陈铁民：《现代认识论研究》，1993 年，厦门大学出版社。

李之钦：《简明通俗认识论》，1993 年，甘肃人民出版社。

颜世元：《情感认识论》，1993 年，河南人民出版社。

刘泽民：《超前认识论》，1994 年，陕西人民出版社。

刘啸霆：《个体认识论引论》，1995 年，中国经济出版社。

陈新汉：《评价论导论：认识论的一个新领域》，1995 年，上海社会科学院出版社；《邓小平认识论思想论纲》，2001 年，上海人民出版社。

朱日复：《文艺认识论：从认识论视角探讨文学艺术的本质》，1995 年，湖南文艺出版社。

廖小平：《道德认识论引论》，1996 年，湖南教育出版社。

吴刚：《接受认识论引论》，1996 年，北京大学出版社。

陈金美：《主体性：在认识论的视野里》，1998 年，湖南师范大学出版社。

杜雄柏：《现代认识论问题探索》，1998 年，湖南师范大学出版社。

何云峰：《从普遍进化到知识进化：关于进化认识论的研究》，2001 年，上海教育出版社。

姜井水：《现代科学辩证法与现代科学认识论》，2003 年，学林出版社。

石向实：《认识论与心理学》，2006 年，东方出版社。

胡寿鹤：《认识和评价》，2008 年，圆觉之光出版社。

刘振海：《认识论探索》，2008 年，北京师范大学出版社。

高岸起：《认识论模式》，2010 年，人民出版社。

周祥森：《反映与建构：历史认识论问题研究》，2010 年，河南大学出版社。

温增勇：《系统效用认识论》，2012 年，中国书籍出版社。

王永昌：《实践活动论》，2016 年，浙江大学出版社。

陶德麟：《实践与真理：认识论研究》，2017 年，人民出版社；该书为作者六十多年来学研马克思主义哲学，特别是马克思主义认识论的部分成果汇集。

李士坤：《历史认识论研究》，2017 年，中国社会科学出版社。

此外，还有杨西光主编的重要文集《辩证唯物主义认识论探索：真理标准问题讨论集》，1987 年，光明日报出版社；还有一些研究者编写的以马克思主义认识论为主要内容的教材、教辅读本或哲学普及读物。

从这部分研究来看，1980 年至 2017 年是国内马克思主义认识论研究较为兴盛的一段时期。整体上来看，这些研究除了阐释马克思主义的认识论思想外，也运用马克思主义的思想去理解认识论问题，并尝试了很多新问题。

3. 对这两类研究的简要述评

以上两类著作基本涵盖了国内出版的冠名以马克思主义认识论和基于马克思主义的认识论思想而展开的研究著述，是一个相对完整的成果清单。通过数量对比发现，第一类著作显然要少于第二类著作，这可以说明多数研究者并不倾向于再造马克思主义的认识论系统，而是坚持吸收其中的认识论思想以构建关于人类社会和自然世界的认识论系统，或以此展开相关研究。

在两类研究中，有着许多能够使人们获得深刻思想的问题和认识分析，这对于未来的认识论研究具有不少参考价值。由于时代关系，这些研究中的一些著述存在不少问题，例如：在研究中忽略已有的大量研究成果，或者说忽视之前历史阶段出现的关于马克思主义认识论思想的研究成果并将自己的研究视为首次创造；不注重概念的深入辨析，从对认识或认识论的一个自己规定的定义出发，或依据前人的缺乏论证的理论出发研究问题，自己也不去辨析这样的理论是否妥帖严密，也不去分析其中包含的背景知识，就据此进行相关研究或构建相关体系；一些研究虽对于传播思想确有助益，但对于推进马克思主义认识论思想的研究并无多少助益。这些研究的缺陷并非简单地因为研究者的研究态度有问题，而与国内前些年以来并没有真正形成成熟的哲学研究方式、一直欠缺相关的基础文献有关。尽管大部分著述缺乏科学性的研究特征，但即使是在这样的情况下，仍然有许多惊人的认识上的发现，一些观点在今天看来都是超前的。但同时因为缺乏科学性的研究特征，有些系统化的构建并不能成立，或言之无物，或相互类似，所以，这些研究中的很多著作，都没有在今天的学术界产生影响，只是昙花一现，有些甚至根本不为人所知。

基于上述经验教训，我们的研究首先要做的是尽可能地对纳入研究计划的概念和理论进行严格的辨析，指明具体的研究取向和理论需求。将马克思主义认识论视为属于认识论范围的马克思及其合作者、继承者的那些思想，将对马克思主义认识论的研究视为对这些思想的研究，这样一来，我们就可以按照严格的规定研究马克思主义认识论思想中所包含的一些问题，如客体问题或认识对象、主体问题、真理问题、认识的方法及认识的任务等，以吸收其中优秀、独特的思想，为将来在更高理论需求下从事认识论研究而做准备。其次，从这些有限的分析中尝试为马克思主义认识论梳理出一个大致的系统性构架。这个"系统"不是刻意制造的，如果具备所需的要素，则可以粗略地搭建起来，如果不具备所需的要素，我们在研究中仅分析一些主要概念就不算是毫无价值。

第三章　现象学的含义

本研究中现象学的含义，是就作为认识论意义上的现象学而言的，在其起源上就是指胡塞尔现象学，而非其他流派的现象学。胡塞尔现象学和受其影响而形成的现象学流派共同构成了现象学运动。现象学运动意味着现象学的概念扩展了。现象学概念的扩展是梳理现象学运动的需要，也是现象学的理想和方法在其他研究中扩展的需要，但对它的含义的限制则是专门研究的需要。从认识论传统看，胡塞尔的现象学研究很大一部分就是认识论研究，我们可以称其为现象学认识论。这使得从现象学研究马克思主义认识论有了学理上的根据。

第一节　现象学的初始含义

现象学（phenomenology）是一门理论的科学，它研究的是认识在意识中的构成问题，它的目的在于对认识活动形成更为彻底的认识以不断满足更高的理论需求，在方法上是以意识自身把握意识自身的方式进行的，这种方法也可以大致理解为反思的方法。理论科学是规范科学的基础，或者说也是实践科学的基础。所谓实践的问题，最好都以规范来处理，这样才能够解决同类型的问题。但在形成规范之前，首先面临的任务是在理论上形成明晰的认识，即要对事物进行类的区分，并认识类事物的性质和表现

形式，且意识到类事物的作用或我们对它的某种认识上的需求。就类事物
而言，是意识每一次按照自己能够给定的模型进行归类的，然后通过对其
中有限个体的认识，而获得类事物的认识，这种认识带有趋向性，或者说
对其他尚未把握的个体是一种预判，也正是这种预判，使我们运用这种认
识可以在特定条件下获得预期的结果。作为个体物而言，以表象的方式存
在于意识中，将其与意识在此表象之先准备好的形式表象结合在一起，就
形成了关于某物或某一个体的认识。当个体的认识形成类事物的认识时，
是以综合的方式进行的，它通过保留相同、去除相异的方式，形成规律性
的认识。因此，即使是自然客体，在对其进行认识时，也是以某种形式在
意识中呈现并获得认识上的处理的。在这个意义上，现象学可以成为一切
科学的基础，因为一切科学都是认识。

一、现象学的立场和目标

上述说明是本书所秉持的现象学的基本立场，下面还会有进一步的说
明。一些研究者可能不会完全同意这样的观点，其理由或许有很多，但原
因主要有两个方面：一方面是现象学流派众多，另一方面是人们的理论需
求程度不一样。

上述说明中所秉持的现象学立场，在我的认识中，指的就是胡塞尔的
现象学立场。胡塞尔是现象学的奠基人，是现象学最主要的源头，人们在
讨论现象学概念时，大多是从胡塞尔的现象学概念开始的。现象学作为胡
塞尔终其一生的工作，探索的是意识问题，探索的是逻辑的内在起源或认
识的主观性起源，由此探索的是认识的彻底性和确定性问题。这正是在本
研究中的现象学概念的含义。

根据已有研究，胡塞尔主要受到布伦塔诺和波尔查诺的思想影响而建
立了现象学。其实我们完全可以把他的另一位老师魏尔施特拉斯
（K. Weierstrass，1815—1897）算进来。因为他在之前跟随魏尔施特拉斯学

习数学时，魏尔施特拉斯对一切认识的科学化建构理想深深影响了胡塞尔。胡塞尔早期出版的《算术哲学》，是一部被看作以布伦塔诺的心理分析方法探索算术起源的著作，这部著作也是对其数学老师魏尔施特拉斯关于算术的基础问题的解答。直到后来他的《逻辑研究》的出版，才标志着现象学的产生。《逻辑研究》出版后，现象学随之慢慢扩展开来，最终形成了影响广泛的现象学运动。胡塞尔后来有很多学生和追随者不断扩展他的问题和思考，但在胡塞尔晚年时，很多人都被其视为现象学的背离者，这些人包括舍勒（M. Scheler，1874—1928）和海德格尔（M. Heidegger，1889—1976）等。①

　　由胡塞尔所开创的现象学影响广泛，受其影响的这些哲学家和思想家们构成了"现象学运动"这股思想洪流的中流砥柱，他和他们的立场、观点，甚至包括所谓的现象学方法，影响了很多领域的研究和思考。在有几百位现象学家的名单中，我们已经分不清哪些是真正的现象学，哪些仅仅是现象学笼罩下的思想。在现象学运动的洪流中，研究者们也时不时增加这个名录，却从未见到将谁剔除出去。在现象学研究中，人们利用现象学的思想与方法剖析和批判过去的哲学家的思想，批判时代的问题，却很少有人形成科学化或系统化的哲学思想，很少有人的思想能够形成一门真正的科学，这与胡塞尔对科学予以奠基的目标、对认识予以彻底化和系统化的研究目标渐行渐远，有的甚至以无目标的彻底性消解根基性知识的确定性和获得这种知识的可能性。对胡塞尔现象学概念的偏离，对现象学含义的莫衷一是，外加现象学运动的扩展和无中心主义的潜滋暗长，或许也是为了减少争辩带来的麻烦，以至于当今的研究者们在写作现象学论著时都回避现象学的定义，或者含混其词，一笔带过。非现象学的研究者在阅读完现象学的著作后，私下给现象学下了一个定义：现象学就是一门读完之

① ［爱尔兰］德尔默·莫兰著，李幼蒸译：《现象学：一部历史的和批评的导论》，北京：中国人民大学出版社，2017年，第2页。

后不知道什么是现象学的学问。问题的散漫无根、目标的不明晰，导致一些现象学研究不像是现象学研究，不像是哲学研究，也致使一些专业的学者私下并不将现象学视为哲学研究。出现这样的责难，并不是因为研究者对现象学没有切身的领会，而是因为没有指出现象学与其他科学的明晰化的关系，没有指出现象学的研究目的与其他科学的研究目的的异同，没有指出现象学的研究对象与其他科学的研究对象的不同，没有指出现象学的研究方法与其他科学的方法的异同，没有以系统化的方式科学、合理地论证出现象学的诸多发展脉络与其源头的关系。

在我的理解中，现象学是一门关于认识论的科学研究，是一门纯理论的科学，因而，它是朝着理论或认识的系统化目标前进的，这一目标反映在现象学对认识的彻底性研究之上，因为要形成更具系统化的认识，它必须前进得更为彻底，才能构建得更为牢固。认识论研究在古希腊的哲思中就已经开始，怀疑主义的一些论题恰恰是认识论的问题，巴门尼德、苏格拉底、柏拉图、亚里士多德都有论述。尼西亚会议前后的教父哲学家们有很多认识论方面的思考。中世纪的唯名论实则也是对认识论问题的讨论，只是理论目标与近代认识论不一样而已，前者致力于形而上学，后者致力于科学。近代认识论从笛卡尔延续到了康德，在康德这里，才构建起了一个较完备的认识论体系。胡塞尔虽未构造像康德那样的哲学体系，但他的哲学研究还是有一个系统的，这个系统就是循着探寻认识系统是如何形成并如何完善和修复这个系统而形成的认识论系统，前者涉及的是意识的构造，是判断的构成系统，后者涉及的是对认识的批判。如果以往的科学知识是各式各样的系统，以往的哲学也有各种系统，那么，胡塞尔的这个系统就是研究那些系统的系统。因而，这样的系统执行的就是为科学奠基的任务，而科学就是知识的系统化集合。这样的现象学虽不必然地构造出一门专门的科学，但它可以审查任何一个科学知识系统的严密性，它是科学的科学、知识的知识，这似乎才是它的系统性所应有的真正含义。事实上，现象学的这种系统性不是一种知识形态上的系统或逻辑体系，而是一种使认识更加系统化的努力。因此，这样的现象学在明确的目标上，就是为知识或科学进行奠基，获得对科学和知识的更为彻底的认识，所以，它是一门理论性质的科学。

我们不能仅仅以"回到实事本身"这个口号刻画胡塞尔现象学的主要特征。在我看来，这个口号所反对的是形而上学的哲学系统的构建，并不反对科学的哲学系统或认识论系统的构建，所以，它并不是毫无目标地反对传统哲学的做法，而是反对传统哲学中形而上学的做法，反对其中那些不明晰的认识前提和概念，从而力求达到对事物的明晰化的认识。如果只是将"回到实事本身"视为现象学，那么，这样的现象学就与经验科学无异，因为自然科学和经验科学无一不是本着这个精神而努力的。作为一门学问，现象学必然有着自己明晰的目的，也有着使自己成为科学的研究对象，只有这样，它才能真正成为一门科学。

二、现象学的研究对象和方法

因为现象学要为知识或科学进行奠基，所以它就不能再借用已有的科学和知识成果，否则就陷入了循环论证，而必须寻求更为彻底的认识，就像在对微积分的理论基础的认识中，不能再依赖于感觉中的空间和时间或运动来解释它的理论基础，而是要抛弃这些东西，从更为纯粹的形式来理解微积分在理论构成方面的合理性。

在胡塞尔的认识中，这些对科学具有奠基性的更为彻底的认识，在构成要素上就是意识中的要素，包括外在的自然客体，在认识中也必须转换为意识要素后才能形成认识，所以，现象学研究的对象，含混地说就是意识。意识也就是意识活动。然而，意识或意识活动不仅是现象学研究的对象，也是现在的实验心理学研究的对象。不仅如此，神经科学也研究这样的对象，精神分析学也研究这样的对象。如此一来，就意识作为研究对象而言，还不能具体地区分现象学与这些科学，所以，对于现象学的研究对象还必须予以进一步的确定。

具体而言，现象学研究的不是所有的意识要素，而是构成认识或形成认识的那些要素，这些要素的研究不能再掺杂已有的逻辑成果，因为这些逻辑化的认识都是在它的基础上逐步建立的东西，应用它会导致循环论证。现象学的研究恰恰要悬搁这些东西，不再使用它们为自己的目标服务，因此，现象学要研究的是没有掺杂这些认识成就的更为纯粹的东西。纯粹的含义，就是不掺杂已有的经验认识。现象学研究的这些要素作为更纯粹的东西，就是位于意识中的构成认识的那些要素，而且，对这些要素的研究不能像其他关于意识的科学研究那样可以借助现成的认识成果，它必须暂且抛弃或悬搁这些成果，以维护研究的纯粹性。在这个意义上，我们说它研究的是纯粹意识，而不是意识，否则，就不容易把它和其他一些意识科学区别开来。只有在学科门类之间具有较大差异时，在向别人解释的时候，为了方便，我们才说现象学研究的对象是意识。

因此，纯粹意识就是现象学研究的对象。由于这样的研究不能借助已有的认识，所以，在方法上也没有理由再借助已有的科学方法。方法的使用必须和自己的目的结合起来，机械的方法移植必须建立在对象类型的相同之上方能奏效，人们是根据目的选择方法，而不是随意地移用方法就能达到目的，所以，现象学必须根据自己的目的确立自己的方法。然而，任何方法都必须依赖最简单、最直接的方法，这个方法就是直观，所以，现象学作为对意识的研究，只能从对意识活动的观察开始。但这种观察不能像是对外物的观察那样，而只能是内在的观察，所以，我们可以将这种方法称为"内观"。无论事物的要素还是意识自身的一些要素，在内观中各自呈现的东西不是全然一样的，在这些不一样的东西中，却可以内观到一个一样的东西，这个一样的东西衬托或维持着那些不一样的东西，以使它们成为与这个一样的东西不一样的东西，这个与不一样的东西相互衬托的一样的东西，就是某个事物或某个意识要素的本质。在这个环节中，这样的内观也就是本质直观。正是基于这样的本质直观，才确立了个体的事物，确立了特定的形式和意识形式，然后，才能形成认识。本质直观与个体直观并不是两个截然不同的东西，而是总是不可分割地联结在一起的，区别在于本质直观的获得物尽可能地变少，而个体直观的获得物尽可能地变多，但二者的最终目的是达到区别性和同一性。因此，这里的本质直观是不同于"抽象"这种含混的说法的，因为"抽象"在之前的用法中人们并不知道它在意识中是如何真正发生的，所以说它是含混的。简言之，现象学研究所采用的方法就是内观的方法，以及与这一方法相应的获得特定的构成物或本质物的本质直观的方法。这也是意识平面内使认识得以奠基的最根本的方法。

除本质直观的方法之外，还需要说明另一种现象学方法的概念。这种现象学方法，就是现象学还原的方法，这是针对已有的认识成果而言的，它通过对这些认识的还原来进一步澄清其起源和问题的关键所在，所以，它也是用之于认识批判的方法。它第一步要做的就是对已有的认识结论进行悬搁，以便在意识中重新构成认识，免受已有认识的干扰。悬搁后要做的就是还原，还原的方向就是意识领域。还原至纯粹意识后，接下来，在意识中用到的就是内观的方法。内观的方法中，本质直观只是其中的一种，它的目的在于获得某一事物或某一被作为意识个体的东西的绝对区别性，即获得它的本质，获取本质后，在进一步的认识中才不至于产生个体或类别上的混淆，才能在个体或类别上获得区分，然后，才能在所谓的"抽象"层面构造进一步的认识。个体的区别是形成对对象的认识的基础，类的区别是基于个体以为了对本质上相同的个体获得一般性的认识，但这些认识都是将意识中的个体处理为形式后获得的，个体的形式与意识给予的诸纯粹形式结合起来，就形成了认识。

从胡塞尔的这些目标及做法来看，现象学是要完成像波尔查诺、魏尔施特拉斯、柯西（A. L. Cauchy，1789—1857）等数学家们所做的那些更为彻底的分析工作。这些数学家们所要完成的是对数学基础理论进行严格分析的工作，是纯粹的形式分析工作，这之中不能掺杂任何意义上的现成的时空感知和几何学的论证。胡塞尔的工作无疑是扩展了这一目标，他要对人类的科学化认识，即对逻辑化认识的形成过程进行纯粹分析的工作，这甚至也蕴含着对一切认识之起源的意识中的根本要素（即纯粹形式）进行探索和分析。从目前人类的认知程度来看，这无疑是一项登峰造极的工作。这一工作在我看来是极其艰巨的，也是非常庞杂的，必须首先要有人在某一具体的研究方面挑开一个"豁口"，然后，其余的类同工作才能推进，这个"豁口"在胡塞尔那里，就是对逻辑学进行纯粹分析的工作。胡塞尔作为卓越的数学家魏尔施特拉斯和柯尼希贝格（L. Königsberger，1837—1921）的学生，无疑是继承了数学分析领域的这一工作目标，并将其用于更广泛的认识领域。从这种努力方向上看，胡塞尔是伟大的，是毕达哥拉斯的精神和情怀的继承者。毕达哥拉斯是伟大的，他将数视为宇宙万物的本原，这一论断挑明了要把对世界的认识进行算术化处理的方式，这一思想和做法影响深广。至今，毕达哥拉斯对音律研究的影响仍然是根本的，尽管在《乐记》中，也有以竹管的尺寸规定宫音的方法，但现代意义上的科学的音律学则是由毕达哥拉斯的理论所主导的。胡塞尔对数学的这些努力所体现的认识倾向与马克思主义哲学家约瑟夫·狄慈根的看法也有相同之处，他们都意识到了"数"在思维活动中的重要意义。狄慈根说："思维的本质是数。一切逻辑的差异都纯然是量的。一切存在都是一种或多或少稳定的现象，一切现象都是一种或多或少稳定的存在。"[1] 在狄慈根的这些观点中，意味着要将思维活动中的思考转化为量的思考，因而也就可以进一步转化为数的思考，在量和数的思考中构建形式关系或认识。这两者都是思维中不掺杂已有的认识纯粹的东西，因而对其进行的分析也最好是不掺杂已有认识的纯粹的分析，因为已有的认识是从它们而来的，所以对它们的研究不能再使用已有的认识，而只能将已有的认识用作

---

① ［苏］狄慈根：《狄慈根致马克思（1867 年 10 月 24 日）》，见［苏］瓦·瓦·伏尔科娃著，王克千、严涵译：《约瑟夫·狄慈根》，上海：上海人民出版社，1962 年，第 289 页。

对它们的解释，否则就是循环论证。此外，狄慈根把存在视为现象的存在，因而就把一切关于本质的研究转化为现象的研究，这个观点可以说就是现象学的立场，这与康德和黑格尔的现象学立场是有差别的。狄慈根的观点与胡塞尔的有相同之处，这也是我们后面的研究中时常要关注的点。我们不能只是从数量的计算或图形的变换来理解"数"思维，而是要从"纯化"的方面来理解"数"思维。因为"数"在认识中本身就是纯化的产物，且代表着这样一种工作方式。

从问题涉及的领域方面、从直观到概念的切换风格方面，从对意识活动的细致化探索的风格方面而言，胡塞尔的确是受到了布伦塔诺的影响。[1]对此，读者可以参看胡塞尔回忆布伦塔诺的文章，以及倪梁康关于胡塞尔与布伦塔诺思想关系和影响的研究论文。[2]

此外，在现象学研究中我们会经常碰到现象学的分析方法和现象学的描述方法，它们是研究者个人的称谓偏好，并不是说其有什么独特性，这是与现象学的本质直观的方法不可分离的方法。对直观的意识要素或意识现象的结构进行发现和查验的工作就是现象学的分析，对这些要素及其结构的描述就是现象学的描述。

第二节　现象学运动的含义

无疑，从上述我对胡塞尔现象学的理解来看，后来的现象学家们的确没有人真正继承他的工作，或者准确地说，人们难以继承他的工作，因为

---

[1] ［德］埃德蒙德·胡塞尔：《回忆弗兰茨·布伦塔诺》，录于［德］埃德蒙德·胡塞尔著，倪梁康译：《文章与讲演（1911—1921年）》，北京：人民出版社，2009年，第337-348页。

[2] 倪梁康：《现象学与心理学的绞缠：关于胡塞尔与布伦塔诺的思想关系的回顾与再审》，《同济大学学报》（社会科学版）2014年第3期。

要扩展分析学的工作思路和要求至认识论领域并获得成功，还有很多困难，如意识要素的描述如何获得交流中的一致性就是一个问题，这种深层的意识语法问题如果不能解决，也就无法使这样一门学问成为真正的科学。从 1931 年胡塞尔宣布自己是"现象学运动"的最大敌人这一立场来看，胡塞尔的确认为自己与其他的现象学家们的研究是有区别的。在我看来，这一区别并不在于现象学的方法层面，而在于他们之间理论工作的目的不同，胡塞尔所要进行的理论化的研究工作，是为了满足更高的理论需求而努力探索认识的彻底性，想要获得的是认识活动（意识活动）的科学性研究，而不是只满足于用现象学方法分析具体的知觉问题，不是去着力分析上帝、存在、信仰的内在构成，也不是满足于对心理体验的一般描述和对社会事务或行为类型的内在联想，更不是满足于对人的审美体验进行人类学的描述。简言之，从研究对象和研究目标两方面来看，胡塞尔的现象学与其他现象学家的现象学是有区别的。

一、分歧与影响共同构成了现象学运动

由于不同的工作方向，胡塞尔与其他的现象学运动中的人物也逐渐产生了分歧，一些人们熟知的现象学家也公然不同意胡塞尔的现象学立场。如海德格尔就反对胡塞尔的现象学立场，对此，德尔默·莫兰（D. Moran）论述道："最重要的内部批评来自海德格尔，他否定了胡塞尔现象学的三个主要方面。一方面，胡塞尔，特别是在其《哲学作为严格科学》研究中，曾明确反对生命哲学和世界观哲学，而海德格尔虽然深入批评这两种运动，却采取了这样的主要观点：现象学应该关注历史性或人类生存的事实性；关注时间性或时间中的具体生存者；再者，它不应该满足于对内时间意识的描述。其次，追随施莱尔马赫和神学解释学传统，海氏宣称，一切描述都涉及到解释，甚至描述只是解释的一种导出形式。于是胡塞尔的纯粹描述构想是不可能的，如果描述不被置于一种彻底历史化的解释学之

内的话。最后，海氏拒绝了胡塞尔的先验唯心主义概念以及作为'自我学'的第一哲学概念，与此相反，他宣称现象学是提出存在（Being）问题之路，这导致海氏从 1925 年以后公然表示：本体论只有作为现象学才有可能。虽然海德格尔在《存在与时间》之后的年代里改变了哲学研究的方式，他从来未曾否定过现象学方法的本质，未曾否定过现象学对事物本身的专注。这样，在 1962 年致理查森的信中海德格尔宣称，他正在通过现象学朝向思想（Denken），如果人们承认现象学意味着'让事物自行显示的过程'的话。"① 作为人们所公认的胡塞尔的知名弟子，海德格尔对现象学的不同立场影响了很多人。海德格尔对现象学问题域的扩展倾向，也正是现象学成为一种运动的代表性的倾向，正是这种扩展倾向，才使得更多的人参与进来，如果都去从事胡塞尔意义上的现象学科学的研究，那也不能形成声势浩大的现象学运动。在这个意义上，现象学科学被"去中心化"了，因而也使胡塞尔感受到自己成为现象学运动的"无追随者的领袖"。对于这两位现象学家的争执，我们还可以进一步参考倪梁康教授《胡塞尔与海德格尔：弗莱堡的相遇与背离》这本著作中的相关论述。②

我在此处援引这些争执，目的在于说明现象学运动中存在着许多分歧，正是因为这些分歧的存在，我们才在现象学运动的意义上来理解现象学，以便把不同的且与之相关的思想纳入现象学这个门类中，因为有些思想和思潮尚无法纳入其他的思想和哲学流派中。在这个意义上，现象学是相关思想和思潮的收容所。人们可以在表面上为宣示自己的现象学立场而相互批评，甚至暗讽，却没有必要成为真正的敌人，哲学思想中不应该有真正的敌人。思想在其发展和演变的过程中存在分歧和泛化是必然的事情，这对于扩展问题视域，或引出新的研究领域具有作用，任何领域的探索都必然不是对已有知识的完全继承或借用，而恰恰是不完全的继承和借

---

① ［爱尔兰］德尔默·莫兰著，李幼蒸译：《现象学：一部历史的和批评的导论》，北京：中国人民大学出版社，2017 年，第 19 页。

② 倪梁康：《胡塞尔与海德格尔：弗莱堡的相遇与背离》，北京：商务印书馆，2016 年。

用才导致了新的矛盾或问题的出现，使新的研究领域逐渐被发现。这个意义上的分歧，意味着不同的视角和视角的变更，朝向的是更为丰富的意义，朝向的是不同真理的探索活动。

因此，现象学运动的含义，在我看来由两个部分组成：一个是现象学的影响，一个是现象学的分歧。简言之，正是分歧和影响的共存构成了现象学运动。

第一个方面，在"影响"的含义下，现象学追根溯源为由胡塞尔所开创的全新的哲学视域和思想观点，甚至可以追溯到他的老师布伦塔诺的描述心理学的影响，因为胡塞尔对现象学的描述方法正是源自他的这位卓越的老师，还有并不师从于胡塞尔的马克思·舍勒也是这场运动的标志性人物，因为他早就以天才的思考进行了现象学的研究。此外，与胡塞尔在思想关联和师生关系上纠葛不清的海德格尔，必然也是这场运动中闪亮的角色，因为他的思想魅力，或者还包括他的思想对人形成的感性上的美感，吸引了更多的爱好者和追求者。受其影响的还有列维纳斯（E. Levinas，1906—1995）、梅洛 – 庞蒂、伽达默尔（H. -G. Gadamer，1900—2002）、保罗·利科（P. Ricoeur，1913—2005）等一连串的哲学家。

第二个方面，正是由于现象学的"分歧"，才使现象学有了更大的影响。因为不同的人们对学问的兴趣来自不同的兴趣点和感受点，而分歧实则是不同兴趣和不同感受的体现，它代表的是进入世界的不同的体验。这些年来，我作为胡塞尔现象学的研究者，从其细致的思考中获益良多，但我也认为，我们对现象学的看法不能过于狭隘，如果现象学只是维持胡塞尔的风格和方向，那么，最终可能形成不了广泛的影响。他的著作晦涩难懂，没有多年的坚持和隐忍很难进入他的思想世界，这种情况必然不利于其思想产生更为广泛的影响，很多人可能会因为他的名声而接触他的作品，但能从头到尾读下去的人可能很少。正如普莱斯纳（H. Plessner，1892—1985）、列维纳斯和伽达默尔等哲学家所回忆的，胡塞尔的讲课非常枯燥。① 这必然难以吸引更多的青年步入其门，这与海德格尔的讲课效果有着截然的反差。相比而言，其他现象学家风格迥异的讲课、生动多姿的写作，以及对不同领域的问题分析，往往有利于将不同兴趣的人吸引到这里来。这些人，或者其中有建树的哲学家和思想家，当然都可以算作现象学运动中的人物。

二、现象学方法作为现象学运动的要素

在现象学运动中，一些人是胡塞尔承认的弟子，一些人是在前述人物影响下卓有建树的哲学家或思想家，或者是其他思想流派的创始人。此外，在现象学运动中，还应该包括在对问题的思考过程中明显地使用了现象学方法的那些哲学家或思想家，包括秉持不同的现象学立场而有所建树的思想家，包括那些研究现象学著作而有所建树的人。

在现象学运动中，现象学方法是这一影响运动范围扩大的重要因素，这也使得一些哲学家因现象学方法的运用而被视为现象学运动中的人物。这是《现象学运动》一书的作者施皮格伯格（H. Spiegelberg，1904—1990）所坚持的划分依据。施皮格伯格在他的这一论著中首先引用了《哲学与现象学研究年鉴》的发刊词，然后给出了自己划定现象学运动的范围的依据。

这段引文是："这些编者并没有一个共同的体系。使他们联合起来的是这样一个共同的信念，即只有返回到直接直观这个最初的来源，回到由直接直观得来的对本质结构的洞察，我们才能运用伟大的哲学传统及其概念和问题；只有这样，我们才能直观地阐明这些概念，才能在直观的基础

---

① 参见［爱尔兰］德尔默·莫兰著，李幼蒸译：《现象学：一部历史的和批评的导论》，北京：中国人民大学出版社，2017 年，第 77 页。

上重新陈述这些问题，因而最终至少在原则上解决这些问题。"①

据此，施皮格伯格给出的依据是："（1）自称是现象学家的人必须是明确或不明确地采用上边提到的两种方法，即（a）作为一切知识来源和最后检验标准的直接直观（其意义尚待阐明），对这种直观尽可能如实地给以文字的描述；（b）对于本质结构的洞察，这是哲学知识的真正可能性和需要。（2）自觉地坚持（虽然有保留）运动本身，充分意识到这些方法的原则。一个思想家如果没有这样的表现，虽可以正当地被看成'实际上'属于这一运动，但是不应当把他看作是它的真正成员。"②

实质上，施皮格伯格的这两个划分依据，浓缩起来只有一个，那就是自觉地坚持现象学运动并运用现象学方法分析问题，才可以算作现象学运动范围内的成员。这无疑是将方法作为重要的划分依据，将自觉性视为补充的依据。缺少其中的任何一个要素，都不可以算是现象学运动的成员。

施皮格伯格的这一区分，无疑缩小了现象学运动的范围，如一些现象学论题的讨论，也可以完全不按照现象学方法来讨论，但它却完全是现象学运动引起的讨论。无须对认识予以基础性考察的那些讨论，现象学家在讨论时，当然也不需要现象学方法，可我们不能由此说他一会儿是现象学家，一会儿不是现象学家。

在我看来，真正的现象学运动范围内的成员，固然会因现象学家各自在理解上的不同而有不同的评判标准，但实际的处境使我们并不能将问题处理得那么完美，在写作"现象学运动"的专门论述或现象学的介绍性著作时固然需要一个明晰的标准以安排有限的写作内容，如施皮格伯格、德尔默·莫兰所做的那样，但在实际的研究领域内，宽泛地处理这一概念，包容与此相关的不同研究，有利于吸收优秀的认识成果，看到更宽阔的问

①　［美］赫伯特·施皮格伯格著，王炳文、张金言译：《现象学运动》，北京：商务印书馆，2011年，第38页。

②　［美］赫伯特·施皮格伯格著，王炳文、张金言译：《现象学运动》，北京：商务印书馆，2011年，第38–39页。

题域，这样才能基于更宽阔的视野产生更高的认识需求及成果。现象学方法在这方面无疑属于重要的影响因素，但不是绝对必要的，还有问题域、基本立场、思想目标等其他方面的影响。

本书中，我不再列举现象学运动中都有哪些人物，这与本书关系并不大，对此读者可以参阅我前面提到的施皮格伯格和德尔默·莫兰的著作。我所坚持的是胡塞尔意义上的现象学概念。但作为一种现象学观念下的研究，主要是吸收其认识论方面的思想，而非其他的东西。另外，布伦塔诺的心理学思想中有很多认识论思想，其中关于表象的具体思考，关于在科学化的研究体系的确立过程中辨析概念的做法，这种做法实则也处处见于胡塞尔的著作中，也是本书借鉴的做法。无疑，我在这里是把布伦塔诺视为胡塞尔意义上的现象学家来对待的。

第三节 现象学作为认识论

在阐明了现象学的初始含义，即胡塞尔的现象学含义后，我们紧接着阐明了现象学运动的含义，这是为了将胡塞尔的现象学从诸现象学流派中凸显出来，表明其不同之处。接下来，我们从认识论意义上来看待胡塞尔现象学，这是为了阐明现象学在观念史传统中的地位和作用，阐明其中的传统要素及它对传统的发展和贡献，以此表明现象学与马克思主义认识论在论题上所具有的相同之处，以及由此指出从现象学研究马克思主义认识论的切入点和研究方式。

现象学作为认识论，从胡塞尔思想的产生和发展来看，也是这样的。这既是胡塞尔已有的立场，也是我在之前的现象学研究中坚持的观点。从胡塞尔现象学的产生来看，胡塞尔一开始就是在研究认识论问题，他后来的多部论著中也鲜明地体现了这一点。

一、现象学为什么会是认识论

从胡塞尔发表自己的第一部著作《算术哲学》开始，他所从事的其实就是认识论研究。胡塞尔说："我在此呈于公众的《算术哲学》，并不是声称要建立一个对数学家和哲学家而言同样重要的交叉学科的真正体系，而是要在一系列'心理学和逻辑研究'中，为那些学科的未来建设奠定科学的基础。"① 从胡塞尔的这一表述来看，《算术哲学》的目的是为像算术和哲学这一类结合在一起的未来的交叉学科奠定科学上的基础，由于这样的交叉学科只能从更为根本的认识层面去寻找基础，且在胡塞尔看来是要在心理学和逻辑研究中进行的，所以，这种研究必然是认识论的研究。现象学对科学的奠基，实则就是认识论对科学的奠基。

这一方面是因为这里所说的心理学，不是自然科学中的实验心理学，而是哲学的心理学，更确切地说，是布伦塔诺所主张的那种研究心理经验的心理学，这是胡塞尔受布伦塔诺的影响而秉承的心理学观念，这种心理学，实质上也包括了对一切认识活动在心理层面上的构成进行研究的心理学，即认识论研究。这种研究就是采用内在的观察法研究认识中的表象、判断、情感现象，其中的情感现象也是认识论研究的内容，因为情感是一种较为复杂的判断的组合。在胡塞尔后来的论述中，他也认为"认识是一个包容了整个意识的、即包容了纯粹意识的整个区域的标题"，"认识功能无法与情感功能和意愿功能相分离"。② 这即是说，情感和意愿功能与认识功能是一体的。所以说，胡塞尔在这里对那种未来的交叉学科的科学基础的心理学研究，从其研究目的和可能存在的研究对象而言，自然而然就是认识论研究。

---

① Edmund Husserl, Philosophie der Arithmetik: Logische und Psychologische Untersuchungen, in Lothar Eley, (*Hua Ⅻ*) *Hrsg*, Hague: Martinus Nijhoff, 1970, S. 5.

② ［德］埃德蒙德·胡塞尔：《现象学与认识论（1917 年）》，录于［德］埃德蒙德·胡塞尔著，倪梁康译：《文章与讲演（1911—1921 年）》，北京：人民出版社，2009 年，第 203 页。

另一方面是因为这里的逻辑研究，指的是形式关系的构成研究。胡塞尔在这一时期虽然没有形成纯粹现象的概念，但是有纯粹形式的概念。而我们知道，在心理表象层面，纯粹形式是纯粹现象的一个类型，因此，这之中的形式研究，必然也会涉及纯粹形式或内在经验（inner experience）。而一旦涉及认识构成中的纯粹形式或内在经验，它必然就不再是单纯的逻辑研究，而是深层的认识论研究了。当然，这里必然也会涉及表象和概念的研究，这是构建科学的必经环节，而表象的研究，必然涉及的是形成和操作表象的心理体验，然后，通过对心理体验的描述或进一步的形式化处理后，涉及的必然就是概念和逻辑的构成研究，有了逻辑之后，才能使认识具有科学性。因此，胡塞尔对这种未来学科之科学基础的逻辑研究，从他的目的和研究对象来看，其必然要进行的是认识论的研究。人们固然可以在其用词中找到心理主义的很多概念，固然也会找到心理主义的一些潜在的立场，但从目的和研究对象而言，无论它是否是心理主义的，胡塞尔的研究都是认识论研究。

在数年后出版的《逻辑研究》中，胡塞尔进一步明确了自己学术的认识论方向，这部著作第二卷的标题即是"现象学与认识论研究"，为了与流行的心理主义的认识论研究相区别，胡塞尔公然对心理主义的不彻底性提出了批评，并明确了认识论研究的无前提性原则。这部著作中虽然也论述现象学，但并没有明确的现象学纲领，也没有明确地提出达到认识之无前提性的现象学方法。在第一版中更多的则是描述现象学的方法展现，这种方法不是胡塞尔的原创，而是布伦塔诺那里就有的。胡塞尔对描述现象学的命名实则是布伦塔诺经验心理学的再表达，他对纯粹逻辑学的研究，实则是对逻辑的根基的研究，因而就不能再借助已有的认识前提或逻辑前提，而是要在意识中去直观其发生的直接的前提，对认识发生过程的这种意识研究，就已经是认识论研究了。从另一个角度理解，逻辑作为认识或认识的规范，对它的研究自然就可以不再是逻辑学，而可以称为认识论了。

胡塞尔后来的很多著述，实则都属于认识论研究。如《逻辑学与认识论导论》《纯粹现象学和现象学哲学的观念》《被动综合分析》《形式逻辑与先验逻辑》《经验与判断》等。在此我们不再一一详述，它们分别从不同主题、不同侧面以不同方式对认识论问题进行了研究。胡塞尔晚年在讨论科学危机时，仍然是基于认识论的立场而讨论的。

胡塞尔为什么没有选择认识论这个术语作为自己的学问的归属，这是一个值得思考的问题。按照他的论述，认识包含了情感和意愿，所以，他关于这些问题的讨论仍然是认识论研究。布伦塔诺将自己的研究称为经验立场上的心理学，这是哲学的心理学，胡塞尔没有选用这一名称，可能是为了与心理主义的认识论彻底划清界限，所以避免再度把自己的学问称为心理学或命名为某种心理学。但胡塞尔所进行的的确就是布伦塔诺的那种心理学研究，他的回避并不能改变他的研究的实质，或许正是这个潜在原因，胡塞尔后来也将自己的学问称为现象学的心理学或先验现象学的心理学，其有别于流行的心理主义的立场和观点。胡塞尔没有把自己的研究命名为认识论或某种认识论，尽管他也认为现象学方法是认识批判的真正方法、认识批判就是认识的现象学研究，提出了现象学就是认识论、认识论是第一哲学、彻底的认识论必须是现象学等观点，也看到了自己的现象学研究是近代认识论的隐秘憧憬，并详细论述了近代经验主义认识论在现象学的产生中的积极意义，但始终没有把自己标示为专门研究认识论的哲学家。但是，同时代的思想家舍斯托夫（L. Shestov，1866—1938）就把胡塞尔的哲学视为认识论，包括后来的一些研究者也是将胡塞尔的现象学作为认识论来看待的。我认为，他可能要以现象学将自己的认识论与前人的认识论区别开来，以突出自己的这种认识论研究的与众不同或彻底性；再者，他选择"现象学"这个术语，可以表明自己的研究与传统的形而上学的不同，可以表明自己与传统的哲学的不同，这些不同不仅在理论的形态上有所体现，也在理论的方法上有所体现，在理论目标上也与众不同；同时，"现象学"这个术语不仅带有浓浓的现代气息，也可以使人看到布伦塔诺描述心理学对他的影响，如果只是标明为认识论，可能会由于人们对认识论的狭隘理解，而看不到现象学对诸多科学和认识分析的广泛意义和基础性意义。此外，这一名称所标示的"回到实事本身"的立场，这样一种朴素而又新鲜的气息，在当时或许会激起更多的话语和热潮，在对传统哲学的反叛中或许会获得更多认识上的共鸣。

根据我的研究心得，如果我们将胡塞尔现象学意义上的认识论与其他认识论加以分类的话，作为对意识之内在的研究，它可以被称为内在认识论，以此可与笛卡尔、康德以及亚里士多德等人的外在认识论区分开来。他的认识论注重认识的意识之内在的研究，而不是研究认识的外在形态，不是对认识的外在表现的描述、分析、整理和研究，也不是对认识之基础的形而上学的先验式论证。由此，我们也可以把认识论分为两类：一类是外在认识论，从亚里士多德、笛卡尔到康德；一种是内在认识论，从柏拉图、洛克、贝克莱、休谟、布伦塔诺到胡塞尔。前者是从认识的外在形态上来处理认识论问题的，后者是从认识在意识中的内在生成过程的分析来处理认识论问题的。另外，在认识论的历史中，如果从对立的角度来划分，我们还可以将认识论分为先验认识论和经验认识论、理性主义认识论和经验主义认识论、怀疑论和独断论、因循论和批判论、辩证认识论和形而上学认识论、静态认识论和动态认识论、物理学的认识论和纯粹心理学的认识论等。

二、现象学认识论研究是如何开展的

胡塞尔的现象学认识论作为内在的认识论，专注于对意识的研究，研究的是有关意识的表象、观念、形式等，以及基于这些要素研究认识是如何一步步构建起来的过程，不仅如此，还在更为根本的层次尝试对表象、观念、形式等这些要素的起源或发生过程进行考察，在这种考察中要摆脱已有的认识的影响，甚至是空间和时间的几何学的感知也要排除在外，以致力于达到一种纯粹的研究，从而为知识或科学进行根本性的奠基。因此，胡塞尔对空间和时间在意识上的起源进行澄清，并彻底摆脱已有的空时印象，包括几何学的感知都要排除，以对认识的发生获得一种纯粹的构成研究。对于逻辑的研究，则是要澄清它的概念的起源，研究它的内在构成。这样的研究也可以基于对已有的哲学观的批判而展开，对以往的认识论的批判而展开，所使用的方法首先就是现象学的还原的方法，将其中所涉及的议题中的要素关系还原到内在意识中去探查它们的构成情况。综合起来，即对一切意识客体进行彻底的澄清，对一切意识客体都予以纯化，不掺杂任何已有的认识。如在胡塞尔的研究中，不仅有大量的对时间、空间的意识分析，也有对算术认识的内在分析，还批判了心理主义与自然主义、历史主义与世界观哲学，对近代认识论中的诸位哲学家进行了彻底的批判，通过对他们的问题的进一步推进，来完成现象学分析和奠基的任务。对此，可以参见《逻辑研究》《逻辑学与认识论导论》《现象学的观念》《哲学作为严格的科学》《第一哲学》《欧洲科学的危机与超越论的现象学》《笛卡尔式的沉思》等著作。

三、现象学认识论何以成为精密科学

胡塞尔是将哲学视为精密的科学来进行建设的。这种哲学要获得彻底性和科学性，必须以现象学的研究来完成，因而，现象学就是现象学哲学。在胡塞尔那里，现象学不是像形而上学和历史主义那样，将客观有效性消融在悖谬之中，它是科学的批判，是彻底的、自下而上的、建立在可靠基础上的、向着最精密的方法进步的哲学的科学。[①] 如此一来，就涉及这样的问题：如果对一切意识中的客体都进行彻底的澄清，对一切意识客

---

① ［德］埃德蒙德·胡塞尔著，倪梁康译：《哲学作为严格的科学》，北京：商务印书馆，2007年，第65页。

体的认识不再掺杂任何的认识，那么，单凭纯粹的内在的观察如何能够获得这样的认识的科学性。胡塞尔认为这是可以做到的，因为在这样的纯粹的观察中，对于纯粹的意识类型，会获得像一般的自然事物那样所具有的一般性的呈现。胡塞尔说："只要以本质的方式来研究纯粹意识，人们就会遭遇到意识的目的论（Teleologie），只要我们不去研究现实的意识，即现在被理解为单个的、个别的纯粹意识，而是开启观念可能性的王国，我们就会认识到，意识的某些纯粹的本质种类具有例如'关于一个物质事物一般的经验'的特征，并因此而在自身中找出某些充实联系，即被称作事物的一个观念之物之一致的被给予性的联系，因此而标识出理论认识的观念可能性，而且这些可能性必定具有'自然科学'的类型。对每个存在区域而言都是如此。谁不承认本质认识活动，谁在有可能完全误释了它的本真意义的同时，坚持将它限制在几何学或纯粹数学上，谁在认识论中就无可救药了。问题从一开始就是本质普遍的问题，并且必须在本质普遍性中，即便是在具体的直观充盈中把捉和探讨这些问题。"①

这段话几乎涉及了所有胡塞尔所认为的从现象学的意识研究达到对认识的精密化构成的重要环节和要素，而且涉及了其现象学的数学分析的背景，对此不再详细阐述。简要来看，基于意识中的意识类型的这些一般性的呈现，我们就可以获得对意识的本质类型的区分，基于这些本质类型的区分，就可以构成不同的形式要素，基于这些形式要素，将不同类型的客体转化为相应的形式，就可以形成对意识客体的精密的科学化的认识。

这是我们找到的胡塞尔对其现象学或认识论的最终科学性的可能性的描述或论述。对此，狄慈根也有相似的看法。狄慈根说："思维的理论，也就是一种关于人脑的机能借以产生认识和制造科学真理的方式、方法的理论，总的说来，应当使我们的判断力的结果所具有的可靠性就像专门性

---

① ［德］埃德蒙德·胡塞尔：《现象学与认识论（1917 年）》，录于［德］埃德蒙德·胡塞尔著，倪梁康译：《文章与讲演（1911—1921 年）》，北京：人民出版社，2009 年，第 203 页。

的学科借助于理论所早已获得的那种可靠性一样。"① 这里所说的"人脑的机能"，即是意识的类型可以获得本质上的同一性的基础，因为它们都是人脑这种物质构成的机能表现，由此，认识论的研究就有理由像自然科学类的精密科学那样，可以获得认识上的可靠性和精密化的东西。相比较而言，胡塞尔只是推进了这一研究，将对思维的研究予以了深层的推进，二者在主要的观点和立场上、处理问题的本质上其实是一致的。狄慈根的这一论述可以再度说明以现象学视角研究马克思主义认识论，在根本上是可行的。

第四节 以现象学研究马克思主义认识论的方式

作为对意识进行细致化分析的现象学，或者准确地说是对纯粹意识进行分析的现象学，在传统的说法中，其实就是对于思维的研究，只不过在胡塞尔这里，对这个研究对象获得了进一步的认识，研究对象被进一步具体化和"提纯"了，并因此而为科学的认识进行奠基。就"思维"作为粗略的研究对象而论，狄慈根在胡塞尔之前也认识到了这样的认识论研究对于科学的奠基作用。狄慈根说："一切科学的基础在于对思维过程的理解。"这是狄慈根在致马克思的信中说的，马克思对其中的这个观点非常赞同。② 这可以说明，马克思、狄慈根、胡塞尔三位哲学家对于科学基础的奠基性活动的理解是一致的，科学的奠基活动或科学基础的研究，必须

---

① 参见《狄慈根致马克思［圣彼得堡，瓦西列夫斯基岛（1867 年 10 月 24 日）(11 月 5 日)]》，附录于［苏］瓦·瓦·伏尔科娃著，王克千、严涵译：《约瑟夫·狄慈根》，上海：上海人民出版社，1962 年，第 299 – 230 页。

② 参见《狄慈根致马克思［圣彼得堡，瓦西列夫斯基岛（1867 年 10 月 24 日）(11 月 5 日)]》，附录于［苏］瓦·瓦·伏尔科娃著，王克千、严涵译：《约瑟夫·狄慈根》，上海：上海人民出版社，1962 年，第 288 页及脚注①。

立足于对思维过程的理解和研究。因此，从胡塞尔现象学出发，研究马克思主义认识论，在基本的理路上是合适的，不会是生搬硬套的比附研究。

基于现象学视角对马克思主义和马克思主义认识论的研究在这些年很多，这些研究大致可以分为以下几个方面：

马克思与胡塞尔的思想关系研究。有 Shirley R. Pike 关于现象学和马克思主义思想的比较研究。他认为，马克思—列宁主义者应该重新看待现象学，马克思主义与胡塞尔现象学不是彻底对立的。①

马克思的认识论和胡塞尔现象学的比较研究。比较权威和具有代表性的有当代哲学家汤姆·洛克莫尔关于马克思的认识论与胡塞尔现象学的比较研究。作者认为，马克思对认识论的循环性解释，含蓄地拒绝了传统哲学意义上的"知识作为经验的可能结果"的说法，在马克思那里，范畴同时具有本体论和认识论层面的双重地位。② 该研究严格地依照哲学认识论的界定，试图揭示马克思本人思想中的认识论成分。

对马克思辩证法的现象学研究。Bologh 通过将知识定位在具有主观能动性的主体和客体维度之间，分析了马克思的理论化方法。对马克思的方法的合理分析必须致力于揭示马克思理论的深层基础。③ 该研究分析了马克思的方法起点和方法要素，对于从源头上理解马克思的方法是一种尝试。

现象学社会学视域中的马克思研究。Barry Smart 在社会学、现象学和马克思的分析中进行了关于社会科学的理论和实践的批判性论述。作者认为，社会学的选择源自存在主义现象学，唯一真正可以接受的替代方法就是将马克思的分析和现象学社会学结合在一起，这种现象学的马克思主义

① Shirley R. Pike, *Marxism and Phenomenology*: *Theories of Crisis and Their Synthesis*, London: Barnes and Noble Books, 1986.

② ［美］汤姆·洛克莫尔，郁欣译：《论马克思的认识论与现象学》，《广西大学学报》（哲学社会科学版）2015 年第 4 期。

③ Roslyn Wallach Bologh, *Dialectical Phenomenology*: *Marx's Method*, London and New York: Routledge, 2009.

将极大地促进社会学探究的根本转向。① 该研究指出了马克思与现象学结合会产生的积极影响。

其他以现象学对马克思理论的主题化研究。这些研究从现象学或胡塞尔现象学思想出发，对马克思的思想中的一些概念和主题进行了解读，自觉地在现象学与马克思主义之间进行了比较或交融性研究。主要包括：马克思主义美学、价值和文学、马克思的"人学现象学"、马克思的"历史现象学"。② 这些研究开创了以现象学研究马克思的思想的新路径。

近几年来，国内还出版了从梅洛－庞蒂的现象学研究马克思主义实践论、唯物论的研究著作，③ 还有从认知主义现象学、实践现象学、海德格尔等哲学家或思想家的视角、现象学本体论视角研究马克思主义哲学的著作。④ 在这些研究中，刘贵祥的著作《马克思的感性活动论研究：一个生存现象学视角的探索》，以现象学视角研究马克思的感性活动论。⑤ 但我认为，感性活动与意识现象学的确具有天生的亲缘性，从生存现象学的角度去研究马克思的感性活动论，这不是基于马克思的认识而进行像马克思那样的科学研究，而是在进行一种形而上学的理解或研究。还有不少关于马克思主义与现象学的论文，涉及的有西方马克思主义的思潮、恩格斯的辩证法、马克思主义中国化等主题或内容。

从可以见到的国内外研究来看，都没有涉及马克思主义认识论与现象学的比较研究，也没有以现象学理念来研究马克思主义认识论。这并不是说从现象学理念研究马克思主义认识论就是不可行的，只要我们看到现象学的认识论向度，就有理由以此来研究马克思主义认识论。

但是，现象学作为认识论，从现象学的视角研究马克思主义认识论，

① Barry Smart, *Sociology, Phenomenology and Marxian Analysis: A Critical Discussion of the Theory and Practice of a Science of Society*, London and New York: Routledge, 2015.

② 张庆熊主编：《现象学方法与马克思主义文选》，上海：上海三联书店，2014年。

③ 吴晓云：《梅洛－庞蒂与马克思主义：以他人问题看》，北京：人民出版社，2016年。

④ 李鹏：《马克思哲学的现象学思想研究》，北京：中央编译出版社，2014年。

⑤ 刘贵祥：《马克思的感性活动论研究：一个生存现象学视角的探索》，北京：中国社会科学出版社，2016年。

需要寻找良好的切入点，否则就会陷入漫无边际的比附之中。这个切入点我认为有两个：一是对其所涉及的概念的澄清，因为现象学的研究在针对已有的认识论时，必然要澄清其概念，以看到其所涉及的关键问题和深层的问题导向；二是对其中所涉及的认识论思想所体现的意义进行建构，即是说，我们根据已有的马克思主义者的认识论思想可以产生哪些新的有积极意义的思考，可以为进一步的认识论研究带来哪些帮助和启迪。

一、对其概念的澄清

马克思主义哲学著作中使用了很多认识论的概念，但这些概念没有得到真正的澄清。这些概念不仅关系到对马克思主义认识论思想的理解，也关系到对马克思主义哲学思想和其他相关理论的理解。

对于我在本书中的认识论研究工作而言，涉及的主要概念有这样几组：物质与意识、思维与存在、客体与主体、实践与认识、真理与谬误等。由于物质与意识的论述必然要涉及思维与存在的论述，所以，思维与存在的论述是和物质与意识的论述相互贯穿在一起的。如果说这几组概念是马克思主义认识论的一级概念，那么，还有一些二级概念，如第一性与第二性、观念与实在、反映与构造等，都是马克思主义著作中的重要概念，澄清它们对于理解马克思主义的思想，深化对认识论的研究都具有作用。这些二级概念，本书将其渗透在一级概念中进行讨论。

二、对其意义的建构

在这里的研究中，涉及的不是其他西方马克思主义者的认识论问题，而主要是涉及在我国当下作为主流意识形态的马克思主义认识论思想，即是指马克思、恩格斯、列宁、毛泽东关于认识论方面的思考和论述。当然，恩格斯同时代的马克思主义者狄慈根是有着专门的认识论著作的人，他毕生从事认识论研究，马克思、恩格斯和列宁都盛赞过他的著作，所以，他的论著是我们重点关注的对象。[①] 这里的研究还涉及一些经典的马克思主义认识论的研究者的认识论思想，如著名的苏联哲学家、马克思主义者科普宁对马克思主义认识论的重要研究，以及我国著名学者夏甄陶、陶德麟等人的认识论研究和思考，当然，也涉及国内通行的马克思主义教材中关于认识论的论述。

研究这些认识论思想，不是进行孰优孰劣的对比，而是通过这些研究，吸收对于建构一门科学的认识论所需要的营养，这不仅体现在对其观点进行分析，而且体现在对其思考方法、问题的广度和深度等方面进行细致的研究。例如，对马克思主义认识论中关于实践和认识的关系的思考，可以使我们明白从外在的整体结构来看待认识过程的重要性，这种重要性体现在：在思考方法上，对认识活动外部的整体结构的认识是为内部的认识做准备的；对马克思主义哲学中关于主体与客体的表述，则使我们看到马克思主义认识论思想也是对近代认识论吸收后改造的产物，也使我们看到马克思主义认识论思想中的这一结构对于进一步细化认识论中的核心要素的考察具有的重要意义，有时候我们觉得无意义，很可能是没有洞察到其中的意义，而不是理论自身没有意义；对于物质与意识的关系思考，则使我们对形而上学的思考产生了新的认识，这可以使我们明白与其相关的物质与精神概念的讨论对一种统一的世界观的形成具有的重要意义，也使我们明白从这种认识论视角出发构建世界统一性认识的基础究竟可以是什么。

根据这些思考，以往的马克思主义认识论的意义就被建构出来了：它通向的仍然是一门科学化的认识论，并期望得到对世界的彻底性的认识，这种彻底性的认识是不断推进的彻底性，也就是马克思主义哲学中所讲的

---

① 参见《狄慈根致马克思 ［圣彼得堡，瓦西列夫斯基岛（1867 年 10 月 24 日）（11 月 5 日）］》，附录于［苏］瓦·瓦·伏尔科娃著，王克千、严涵译：《约瑟夫·狄慈根》，上海：上海人民出版社，1962 年，第 1–3 页。

"真理是不断逼近的"那样的彻底性，而不是形而上学的那种彻底性，形而上学把自己视为最终的成就，并一直为最终的成就而努力，这与认识的科学演进立场是有巨大差别的。通过对马克思主义认识论的外在结构和内在结构的发现，可以使我们深刻地认识到从外在结构到内在结构的演进对于认识论研究或任何认识的研究都是必要的方法，以往，我对这种方法虽有所运用，却是含糊的，在这个研究中才逐渐明晰了这一认识。与胡塞尔的现象学认识论一样，马克思主义认识论思想仍然是把世界的无限性和认识的无限性统一起来，现象学的认识论和马克思主义的认识论思想都是对传统形而上学的纠正，对静态的世界观的纠正，对动态的世界观的确立。同时，二者都看到了认识过程中方法的重要性，把认识论的方法作为重要的东西强调了出来。

总之，研究马克思主义认识论是为了获得新的意义，是为了推进认识论研究，推进对人类及周围世界的认识，而不是为了建立某种静态的形而上学。这种形而上学自古以来，一直认为自己可以获得对世界的最终认识，或获得了对世界的最终的一般性认识，这是在马克思主义中所不允许的，也是胡塞尔现象学所不允许的。他们至多借用本体论的比喻以表明自己的立场，但绝不是做形而上学研究。他们对问题的思考，对认识和认识活动的思考，对社会的思考，都是以科学化的研究进行的，而不是仅仅为了获得一个片段化的认识。

第二部分

马克思主义认识论的主要概念

第四章　物质与意识

第一节　物质与意识的关系问题

物质和意识概念是马克思主义认识论的基石，不仅从学者们的论述中我们可以看到这一观点，从马克思主义认识论的构成来论证也是这样。

科普宁认为："马克思主义认识论的起点是同一般哲学相同的，是从阐明思维同存在的关系开始的。因此，马克思主义认识论的基本概念就是物质和意识的范畴。"① 这提示我们对马克思主义认识论的研究首先要从物质和意识概念开始。我赞同科普宁的这个观点，但对他的表述则不完全认同，我认为：思维和存在是对立的概念，它们处于同一层级，而物质和意识虽形成对立但并不处于同一层级，物质是与精神处于同一层级的对立概念。物质被视为标志客观实在的哲学范畴，而意识并没有被提到作为最基本的范畴而言的高度。

从现有研究和哲学史来看，物质与意识概念关联着马克思主义认识论的许多问题，例如，物质被理解为自然世界的基础或本体，被设定为自然

---

① ［苏］巴·瓦·科普宁著，马迅、章云译：《马克思主义认识论导论》，北京：求实出版社，1982年，第41页。

世界的构成材料，而意识则是主导认识活动的关键要素，是物质世界的特殊产物，没有意识，没有这种特殊产物，即使有自然世界的存在，也不能建立认识。如果否认世界的可知性，对世界就不可能有统一性的认识，因此，对社会历史发展具有统一规律的认识也就无法立足，这就导致对社会的理解陷入虚无主义。统一性的根基在物质上。作为相互关联的物质存在，本身处于一个统一体中，它必然有一个共同的规律，但其中含有的关系性认识，不像自然客体摆在人的面前那么直接，也不是刻写在人脑中的，而是需要通过认识主动地建立起来，在这个过程中，意识是不可或缺的部分。尽管意识作为物质的构成体我们目前还无法在物质结构功能的层面把握其始末，但将其作为一个功能体来对待时，我们仍然可以获得对它的一些认识，在这个处理方式中，意识在认识中被作为相对独立的"个体"处理了。由此，认识就可以被分解为意识和物质存在的关系问题，这就产生了可知论和不可知论、能动性的反映论等问题。在这个意义上，我们可以认为，物质和意识的关系问题是马克思主义认识论的基石。

马克思和恩格斯的认识论思想与其哲学思考是融在一起的，无论是其辩证法、自然观还是历史观，指向的都是最终的统一性。也有学者认为在马克思主义哲学中，辩证法、逻辑学与认识论三者之间是统一的，特别是在列宁的《哲学笔记》中，这种观点就有着鲜明的体现。[①] 对此，我的理解是，某一方法是统一在某一思想之中的，方法是要素的接续，因此，在对世界的统一规律的论述中，世界观与辩证法是融合在一起的；同时，认识的成就折射着它的原理，也蕴含着它的形成过程，对其自身要素的提取和对获得它的过程要素的提取，形成的就是对逻辑或规律的认识，也会形成再度实现它或分析它的方法。所以，任何关于世界的看法，都可以看作认识论需要遵循的成就和分析的原理，也可以看作逻辑的法则或规律的载

---

① 黄楠森：《列宁的〈哲学笔记〉对马克思主义哲学的重大发展》，《中国社会科学》1980 年第6 期，第29 – 46 页。

体。因此，认识上的统一性必然伴随或蕴含着它的逻辑和它的方法。

我们还需要明确的是，如果世界是一个统一性的整体，那么，基于这样的统一性认识之上的一切具体的学问，都必然是在根本上具有某种统一性的学问。作为这一思想中的"统一性"所立足的根本，就是以物质世界为基础的统一性。正如狄慈根所认为的，思想也是实在的物质。狄慈根说："思想、思想的来源、思想的特性也同样是实在的物质，是像其他一切事物一样具有研究价值的材料。"① 而意识作为人脑的机能，反映并构造着基于物质基础的自然世界或客观世界的认识，它自身作为物质世界的具体的一项功能，一方面必然要遵循物质世界的基本规律，另一方面又有自己相对的主动性，以缘于不同的需求而创设可以具体操作和利用的知识，因此，物质世界既是它依存的基础，也是它活动的领域，是它建立认识所不能脱离的领域。如果立足于这样的立场，研究者必然要从物质与意识概念开始进行研究，是有充分的理由的。

但是，以上论述所看到的物质与意识的关系只是问题的一个方面，它们之间的对应关系并不显得完全合适。从层次和级别来看，意识应该是针对具体的认识对象而言的，从近代认识论的立场和现象学的观点看，意识总是某物的意识，即对认识对象的意识，而物质作为本体层次的东西，作为自然世界的本体，则是针对精神而言的，精神则是人类诸种行为的本体，在这个意义上，物质和精神在不同的哲学立场上才意味着是本体层次上对立的东西。由此，我们也常常会在哲学论著中见到自然世界和精神世界的区分，见到自然科学和精神科学的区分。例如，在列宁同志的论述中，就有物质和精神对立的论述，而不是将物质与意识对立起来论述；在恩格斯的论述中，则将与物质和精神这一对立范畴相平行的思维与存在、

---

① ［德］狄慈根：《一个社会主义者在认识论领域中的漫游》，录于《列宁全集·第55卷》（第二版增订版），北京：人民出版社，2017年，第427页。

精神与自然界这两组范畴作为论述时的用词。① 平行范畴的存在意味着探索物质与意识概念，同时也意味着对思维与存在概念的论述。

虽然物质与意识的关系并不处于同一层级，但我们可以通过对其相关的平行范畴的研究，找到它们之间关系的演变脉络。由于物质作为哲学范畴与自然世界、客观实在之间的关系是同质的，意识与灵魂、精神、思维之间有着相通性，它们各自之间都是可以并行的概念，所以，我们对物质和意识的论述就可以转化为对思维与存在、物质与精神及与之相通的一些概念的论述，因为它们之中的每一个都不是只靠自己就能解释自己的，相互之间有着一个含义演变和发展的脉络。因而，我们就可以通过对同一层级的概念及其概念转化脉络的认识，获得不同层级之间概念关系的透彻认识。这些概念都是相当重要的概念，只有彼此清楚，才能达成真正的理解。

由此，在明白物质与意识关系的演变历史后，才不至于将不同层次的问题混为一谈。我们不仅可以从马克思和恩格斯的论述中看到这些概念在其思想构成中的意义，也可以从列宁的理解和论述中看到这两组基本概念以及与之并行的概念对于认识论问题的彻底研究具有的意义，同时，还可以从其论述中看到这些对立概念演变为马克思主义认识论研究中物质与意识关系问题的意义，即以前者突出世界的统一性、认识的统一性目标与现实性要素，以后者突出认识的能动性、对现实把握的可能性，以及基于此而涉及的可知论立场对认识统一性的建构和社会建构具有的根本意义。

由于我们的认识目标是致力于建立对世界的统一性认识，因此，必然要涉及对认识最终根据的论述，统一性的认识必然有统一性的根据。在统一性的根据中，对世界的认识最终只能有一个根据，否则就无法建立认识上的统一性。这个根据既是世界的最终根据，也是认识的最终根据，还是

---

① ［德］恩格斯：《路德维希·费尔巴哈和德国古典哲学的终结》，北京：人民出版社，2018 年，第 17 – 18 页。

产生认识的基础。而最终的根据，就是第一性的东西，但是，人们往往只考虑了物质的第一性，并没有考虑物质为什么是第一性的问题，也没有考虑"第一性"在认识的统一性构成中的角色和意义，所以，我们还需要论述与此相关的物质和精神何者为第一性的问题，以及"第一性"自身在认识的统一性构成中的意义。

第二节　思维与存在

在对哲学基本问题的论述中，恩格斯一开始使用的是思维与存在这一对概念，并不是物质与精神这对范畴，具体而言，他把思维与存在的关系理解为精神与自然界的关系。

一、思维与存在的关系问题

恩格斯认为："全部哲学，特别是近代哲学的重大的基本问题，是思维和存在的关系问题。"[①] 这是众多研究者都耳熟能详的重要论断。但什么是思维，什么是存在，恩格斯没有明确的回答。从他接下来的论述来看，他是把精神与自然界作为对立的概念以并行于思维与存在的。

恩格斯说："思维对存在、精神对自然界的关系问题，全部哲学的最高问题，像一切宗教一样，其根源在于蒙昧时代的愚昧无知的观念。但是，这个问题，只是在欧洲人从基督教中世纪的长期冬眠中觉醒以后，才被十分清楚地提了出来，才获得了它的完全的意义。思维对存在的地位问

---

① ［德］恩格斯：《路德维希·费尔巴哈和德国古典哲学的终结》，北京：人民出版社，2018 年，第 17 页。

题，这个在中世纪的经院哲学中也起过巨大作用的问题：什么是本原的，是精神，还是自然界？——这个问题以尖锐的形式针对教会提了出来：世界是神创造的呢，还是从来就有的？哲学家依照他们如何回答这个问题分成了两大阵营。凡是断定精神对自然界来说是本原的，从而归根到底承认某种创世说的人（而创世说在哲学家那里，例如在黑格尔那里，往往比在基督教那里还要繁杂和荒唐得多），组成唯心主义阵营。凡是认为自然界是本原的，则属于唯物主义的各种学派。"①

如果我们结合哲学史的用词习惯，就可以认识到，在恩格斯的理解中，思维对应的就是精神的东西，存在对应的就是自然界的东西，因此，思维与存在的关系问题就被恩格斯转化为精神和自然界何者为本原的问题，并以此来划分唯心主义和唯物主义。同时，恩格斯认为，对于精神与自然界何者为世界本原的问题，即最高问题，在人类的蒙昧时代其实就已经存在，只是在中世纪才被提了出来，这也就意味着这个问题的历史其实是较为久远的。由此我们也可以得到这样的认识，因为它较为久远且一直是隐约存在的，所以，对历史上的各种哲学才有理由进行唯物主义和唯心主义的区分，否则，以后来人的尺度剪裁和规制古人的观点就可能是不合适的。这是恩格斯对思维与存在的关系问题第一个方面的理解。

第二个方面，思维与存在的关系问题是关于思维能否认识现实世界的问题。由此就产生了可知论与不可知论的区分。恩格斯说："思维和存在的关系问题还有另一个方面：我们关于我们周围世界的思想对这个世界本身的关系是怎样的？我们的思维能不能认识现实世界？我们能不能在我们关于现实世界的表象和概念中正确地反映现实？用哲学的语言来说，这个问题叫做思维和存在的同一性问题，绝大多数哲学家对这个问题都作了肯

---

① ［德］恩格斯：《路德维希·费尔巴哈和德国古典哲学的终结》，北京：人民出版社，2018 年，第 18 页。

定的回答。"① 在这里，存在被理解为现实世界，或者说存在就是指现实世界的存在；对世界予以表象化和概念化的处理过程就是思维能力的体现。由此，思维能够认识现实世界，与之具有一致性，就是可知论；反之，不承认思维的认识与现实世界的一致性，就是不可知论。在对思维和存在的关系问题的第一个理解方面，恩格斯区分了唯物主义和唯心主义，在第二个方面区分了可知论和不可知论，但这并不意味着唯心主义就是不可知论，例如，黑格尔就不是。② 这里的思维，显然是在意识和认识的含义上来理解的，因为表象和概念都是意识中或认识中的东西。如果在认识论的考察中，将思维和精神转化为意识、将存在和自然界转化为物质，那么，这两组并行的根本问题就转化为物质和意识这一马克思主义认识论的根本问题。由此，不仅可以含摄世界的统一性和认识的能动性问题，还可以含摄可知论和不可知论的问题。

我认为，可知论与不可知论的立场对于社会制度的构建具有重要意义。思维能否认识客观事物，关系到人类是否能够根据对世界的认识实现自己目标的问题，关系到人类在对现实世界的认识之上能否构建起生活秩序或有效的社会秩序的问题，它关系着人的创造力和实现力，因而是不能回避的问题。如果回避了这个问题，关于人类的各种美好构想就会被各种形式的不可知论所否定。人能够认识世界，就能够利用和遵循世界的规律，以使自己构造的制度符合世界的规律，自己的制度也就具有了世界规律的那种必然性，因此就有充分的理由实现自己的目标。如果不能认识世界，则自己构造的制度只具有实现的偶然性，而不具有必然性，因此，解除现存社会的束缚且构造新的社会理想和制度就没有了充分的理由。在坚持物质第一性的认识论立场中，物质世界的统一性为世界在认识上的统一

---

① ［德］恩格斯：《路德维希·费尔巴哈和德国古典哲学的终结》，北京：人民出版社，2018年，第18页。

② ［德］恩格斯：《路德维希·费尔巴哈和德国古典哲学的终结》，北京：人民出版社，2018年，第19页。

性带来了根据，坚持思维能够反映和构建这种统一性，才带来具有必然性的统一性认识，才有理由形成统一的社会理想和制度，并为这种制度和理想的必然性而努力。如果不坚持这种统一性，或者说我们无法认识这种统一性，那么，就无法形成对世界的统一理解和与此相应的统一的制度，因而，呈现的局面必然是多元的或无中心的。可知论和不可知论的争论，实质上是社会理想之间的争论向认识论领域的转移，其本质上仍然是价值观念的冲突，而不是科学理念的冲突，近代科技的进步和发展本身就证明世界不是不可知的，否则人们不会普及教育和推动科学研究。

对于思维和存在的关系问题，马克思也有论述，但在他的论著中很少见到，我们能够见到的是马克思在论述人的"类意识"概念时提到的一个观点，即"思维与存在虽有区别，但同时彼此又处于统一中"。马克思说："作为类意识，人确证自己的现实的社会生活，并且只是在思维中复现自己的现实存在；反之，类存在则在类意识中确证自己，并且在自己的普遍性中作为思维着的存在物自为地存在着。因此，人是特殊的个体，并且正是人的特殊性使人成为个体，成为现实的、单个的社会存在物，同样，人也是总体，是观念的总体，是被思考和被感知的社会的自为的主体存在，正如人在现实中既作为对社会存在的直观和现实享受而存在，又作为人的生命表现的总体而存在一样。可见，思维和存在虽有区别，但同时彼此又处于统一中。"[①]

在马克思的这段论述中，意识的含义就是思维着的存在物，感知是它的能力之一，存在也是能够被感知的存在。"类存在"是在意识中确认的类存在，而且是思维的对象，或者说"类意识"的对象就是类存在，类存在就是类意识中的类存在，并在意识中被视为自为存在的东西。人作为类存在而言，是在观念中被意识为一个整体的，被意识到是一个自为的带有

---

① ［德］马克思著，中共中央马克思恩格斯列宁斯大林著作编译局编译：《1844 年经济学哲学手稿》，北京：人民出版社，2018 年，第 81 页。

主体性的存在，它一方面是一个具体的可直观到的现实的享受者，是这样的存在，又是在思维中被视为生命表现的总体，而且只有在意识中才能够意识到它是生命表现的总体。因此，在这个意义上，马克思认为，思维和存在是统一的。也就是说，无论何种存在，都是思维中可以被反映的存在，无论何种思维，都是可以反映存在的思维，所以，它们在对其认识的过程中出于细化对其认识的需要而有所区别，但又因为它们在对其认识的过程中反映出的实际关系而处于彼此统一的情形中。

马克思的这段论述还蕴含着这样的认识：思维与存在处于认识中时，既要在看到其区别的时候看到其统一，又要在看到其统一的时候看到其区别。同时，执行认识的思维及其主体，同时也是被再度认识的存在或对象。因此，关于思维或主体的认识，也可以是客观的或对象化的认识。

二、"关系问题"的转换

在《唯物主义和经验批判主义》中，列宁将恩格斯所说的思维与存在的关系问题或精神与自然界的关系问题，转化为物质与精神的关系问题进行论述，并将这两个概念作为哲学的基本范畴或本体层面的概念来论述唯物主义与唯心主义的区别，论述可知论与不可知论的含义。但是，在马克思和恩格斯的论著中，并没有表达物质就是自然界这样的观点，也没有说过精神就是思维的观点。这一点，从恩格斯之前的哲学史和思想史出发来看，这种理解也是不应该存在的，因为它们彼此相关却并不是一回事，它们各自具体的所指和在理论构建过程中承担的功能是不一样的。从恩格斯的论述来看，思维与存在的问题一方面是精神与自然界何者为本原的问题，一方面是思维与现实世界之间是否存在可认识到的一致性关系的问题。对此，列宁将这一"关系问题"转换为物质和精神何者为第一性的问题，这个转换从某种角度上看是正确的，但并不能够被人们真正理解，甚至对其误解多于理解。在感觉论的立场中，列宁是把主观唯心主义当作不可知论来看待的，主观唯心主义就是唯我论，它与唯物主义都有着感觉论的方面，只是前者不承认客观的真理性，后者承认客观的真理性。① 根据我的理解，列宁所说的这个分歧的背后，即不可知论与可知论的分歧的根源，不在于感觉论或经验论，而在于是否坚持物质第一性的问题，即以物质为其基础的客观世界是否具有可认识的实在性，如果它们的根本观点是物质一元论或精神一元论，则都是可知论的立场，如果是物质和精神的二元论，就没有充足的理由承认客观世界具有可认识的实在性，因而会导致不可知论的立场，所以，何者为第一性的问题在列宁的论述中就成了根本问题，它不仅否定了二元论，也否定了精神第一性的观点，由此，唯物主义和唯心主义的划分，可知论与不可知论的划分，都在这个基础上得到了回答。如果只是看到了思维的主观性，而没有看到思维的客观性，那么，对于客体的认识必然是变幻不定的，因而就陷入了不可知论，如果看到了思维的客观性，那么，认识的客观性自然就确立起来了。实质上，思维的客观性是存在的，人们对于光线、色泽、基本的形式和图形，都会有一致的认同，因此，基于此的认识不仅是相互可理解的，也是具有客观性的。而且，这种思维的客观性与存在的客观性本身都统一于客观实在层面，因而，物质第一性不仅是对世界统一性的说明，也是对可知论的根本支撑。

在恩格斯的论述中，思维与精神是同质的概念，自然界与现实世界是同质的概念，但概念之间的关系并没有说明。如果从哲学术语的发展和演变历史来看，恩格斯的用法是合适的，它们之间的关系在哲学术语的用法中是没有根本性的区别的，存在的是解释上的区别和使用习惯上的区别。在马克思主义认识论的研究中，由于认识过程被阐述为从物质到意识，由意识产生认识，由感性认识到理性认识，再由认识到实践的反复循环的过程，因此也有别于天赋观念说、不彻底的感觉论和认识的神创说，所以，物质就成了认识起源的根本问题，因而也就成了最重要的概念。与此相对

---

① ［苏］列宁：《唯物主义和经验批判主义》，北京：人民出版社，2015 年，第 123 页。

立的唯心主义学说，则被视为将精神作为认识的根本和起源的学说，强调精神作为世界的本原。由于这一基础性的观点从根本上决定了唯物主义与唯心主义立场的区分，也决定了可知论和不可知论的区分，所以，在"关系问题"的转换中认识到了这一对范畴的重要性之后，在马克思主义认识论主要概念的论述中，我们也需要进一步研究物质与精神这一对范畴及与之并行的一些概念。

当然，下面的概念讨论不是去确定它们最终是什么，也不是讨论它们的定义问题，同样如列宁所认为的，它们是无法按照经典的定义方式去定义的。列宁说："对于认识论的这两个根本概念，除了指出它们之中哪一个是第一性的，实际上不可能再下别的定义。下'定义'是什么意思呢？这首先就是把某一个概念放在另一个更广泛的概念里。例如，当我下定义说驴是动物的时候，我是把'驴'这个概念放在更广泛的概念里。现在试问，在认识论所能使用的概念中，有没有比存在和思维、物质和感觉、物理的东西和心理的东西这些概念更广泛的概念呢？没有。这是些极为广泛的、最为广泛的概念，其实（如果撇开术语上经常可能发生的变化）认识论直到现在还没有超出它们。只有欺诈或极端愚蠢才会要求给这两个极其广泛的概念'系列'下一个不是'简单地重复'二者之中哪一个是第一性的'定义'。"①

作为最基本的两个概念，由于没有更为基本的概念，所以是无法定义的，因此，我们在研究中所要做的就是确定它们是在怎样的思考方式中产生的，具有怎样的规定性，我们应该如何理解它们并使之为系统化的认识论研究服务。

---

① ［苏］列宁：《唯物主义和经验批判主义》，北京：人民出版社，2015 年，第 145 页。

第三节　精神与物质

　　根据上面的论述以及对哲学史的考察，思维和存在这一组概念，涉及了与之相平行的一些概念，它们就是物质与精神、精神与自然界、灵魂与实体、意识与物质。这五组平行概念中，思维、精神、灵魂、意识之间的含义是相通的，存在、自然界、实在、实体、物质这五个概念之间的含义也是相通的。因此，我们在阐明每组中的任何一个概念的过程中，都意味着要对与它相平行的概念做一些澄清，因为它们之间是有差别的，而澄清就是要指出它们之间的含义差别。因此，在这里的研究中，我们按组别分开去澄清它们是没有必要的，我们要重点澄清的是物质与精神概念，因为这是列宁的认识论思想或哲学研究中的重要用词，并借助这两个概念的澄清，附带澄清与之相关的平行概念。对于平行概念而言，澄清不仅意味着借助经典文本的用词指出其具体的含义，也意味着彼此之间相互澄清。

一、精神概念

　　为方便论述，我们首先从思维概念开始。这不仅意味着区分可以从自身性开始，也是因为恩格斯对思维的产生有相关的论述，这些论述是探索这一组概念的引子。

　　在恩格斯的论述中，思维是灵魂的活动。恩格斯说："在远古时代，人们还完全不知道自己身体的构造，并且受梦中景象的影响，于是就产生一种观念：他们的思维和感觉不是他们身体的活动，而是一种独特的、寓于这个身体之中而在人死亡时就离开身体的灵魂的活动。从这个时候起，人们不得不思考这种灵魂与外部世界的关系。如果灵魂在人死时离开肉体而继续活着，那就没有理由去设想它本身还会死亡；这样就产生了灵魂不死的观念，这种观念在那个发展阶段出现绝不是一种安慰，而是一种不可抗拒的命运，并且往往是一种真正的不幸，例如在希腊人那里就是这样。关于个人不死的臆想之所以普遍产生，不是因为宗教上的安慰的需要，而是因为人们在普遍愚昧的情况下不知道对已经被认为存在的灵魂在肉体死后该怎么办。由于十分相似的原因，通过自然力的人格化，产生了最初的神。"①

恩格斯的这段论述主要包含三个关于灵魂的含义：

第一，因为思维和感觉是灵魂的活动，所以它们是同质的，灵魂寓居于人的身体，人死后离去。

第二，灵魂不依赖于人的身体而存在，所以它也就没有死亡，这是推论出来的对灵魂的认识。

第三，对灵魂的原始处理产生了将自然力人格化后的有神论。

恩格斯没有注明这些论述依据的是哪些资料，但我们根据当时的人类学研究成果来看，恩格斯的论述是吸取了相关研究的，且在古希腊大哲学家亚里士多德的著作中也有相关的看法。与此相关的引述，人们可以在后来的思想家保尔·拉法格（P. Lafargue，1842—1911）的《思想起源论》中看到，② 也可以在稍晚一些的人类学著作如詹姆斯·弗雷泽（J. G. Frazer，1854—1941）的《金枝》中看到古代人关于灵魂观念的相关理解。如拉法格认为："原始人是极端的唯心主义者，因为他把一切都神灵化了。"③ 虽然原始人不一定都是唯心主义者，但通过拉法格的这一论述可以看到，原始人在自己的知识限度内尝试对灵魂的相关问题做出解答。

---

① ［德］恩格斯：《路德维希·费尔巴哈和德国古典哲学的终结》，北京：人民出版社，2018 年，第 17 – 18 页。

② ［法］拉法格著，王子野译：《思想起源论》，北京：生活·读书·新知三联书店，1963 年，第 119 – 189 页。

③ ［法］拉法格著，王子野译：《思想起源论》，北京：生活·读书·新知三联书店，1963 年，第 120 页。

根据恩格斯的这些论述，我们也可以初步断定灵魂是思维和感觉的支配者，或者说它是人的思维活动和感觉活动的本体。在哲学家布伦塔诺的研究中，他论述到：在古代人的理解中，灵魂是行为的本体。[①] 参照相关文献和论述，我们基本可以断定：灵魂不仅是思维行为和感觉行为的本体，也是其他类型的人的行为的本体，综合起来说，灵魂是行为最根本的支配者，是行为的最终决定因。再者而言，在人的认识中，观念的东西是延续的，所以，在古代人的认识中，它必然有使其得以延续的载体，而这个载体就是不灭的灵魂。

与此相关，意识概念和思维概念具有同样的含义，思维的存在就说明了意识的存在，但意识概念是与具体的感觉或知觉相关的，是在后者的意义脉络上发展起来的概念。而且，意识与感觉所关联的东西是不一样的，意识是与意识的对象相关联的，而感觉和知觉是与现实的环境或自然客体联系在一起的。在狭窄的意识概念中，与感觉和知觉相比，感觉和知觉具有认识上的直接性，而意识则相对复杂，是间接的东西。在这样的理解中，从感觉到意识，其间是有一个发展过程的。马克思通过现实的需求说明了语言和意识的产生，并阐明了从个人的意识发展到社会意识，最终发展到精神劳动的过程。

马克思说："语言和意识具有同样长久的历史；语言是一种实践的、既为别人存在因而也为我自身而存在的、现实的意识。语言也和意识一样，只是由于需要，由于和他人交往的迫切需要才产生的。凡是有某种关系存在的地方，这种关系都是为我而存在的；动物不对什么东西发生'关系'而且根本没有'关系'，对于动物来说，它对他物的关系不是作为关系存在的。因而，意识一开始就是社会的产物，而且只要人们存在着，它就仍然是这种产物。当然，意识起初只是对直接的可感知的环境的一种意

---

①　［德］弗兰兹·布伦塔诺著，郝亿春译：《从经验立场出发的心理学》，北京：商务印书馆，2017 年，第 12 页。对此也可以参见本书第一章第三节的相关引述。

识，是对处于开始意识到自身的个人之外的其他人和其他物的狭隘联系的一种意识。同时，它也是对自然界的一种意识，自然界起初是作为一种完全异己的、有无限威力的和不可制服的力量与人们对立的，人们同自然界的关系完全像动物同自然界的关系一样，人们就像牲畜一样慑服于自然界，因而，这是对自然界的一种纯粹动物式的意识（自然宗教）；但是，另一方面，意识到必须和周围的个人来往，也就是开始意识到人总是生活在社会中的。这个开始，同这一阶段的社会生活本身一样，带有动物的性质；这是纯粹的畜群意识，这里，人和绵羊不同的地方只是在于：他的意识代替了他的本能，或者说他的本能是被意识到了的本能。由于生产效率的提高，需要的增长以及作为二者基础的人口的增多，这种绵羊意识或部落意识获得了进一步的发展和提高。与此同时分工也发展起来。"[①]

马克思的这段论述包含着这些关于意识的含义：

第一，语言是为彼此而存在的实践的、现实的意识。

第二，语言和意识是因交往的需要产生的，这是二者的发生前提。

第三，"关系"都是为我而存在的，所以，意识是关系的产物，关系就是人意识到的关系，所以有关系必然有意识，有意识必然有关系，这就必然产生人所具有的人与人之间的必然关系的意识，由此也就产生了社会意识。

第四，人的意识是本能的转化形式，而动物不存在这种转化，只有纯粹的畜群意识。

就意识概念的论述而言，马克思的这段话告诉我们的是：在感觉和知觉中，人产生了意识的概念，再由意识的概念产生了社会意识的概念。这是从感觉到意识的发展线索，由此可以解释社会为什么在认识中是一个统一体，而不存在孤立的单个人的"社会"。

相比意识概念，思维概念则是在思考的含义上产生的，我们一般说思

---

① 《马克思恩格斯文集》（第1卷），北京：人民出版社，2009年，第533－534页。

维能力，但不说意识能力，而是说意识行为，这样表述二者时，都是指意识行为的能力。而与此相关的"观念"这个概念，是与"实在"相对应的，也是意识的产物和思维的产物，是它们所构造的东西。

与灵魂相关的精神（spirit）概念，它的本义与灵魂的希腊文 pneûma、psyche、ánemos 都是呼吸的意思。① 由此，我们可以基本断定灵魂和精神在含义上的相通性，拥有精神和灵魂都是生命的象征，有精神、灵魂则意味着生命的存活，精神和灵魂的离去则意味着生命的结束。在这个意义上，灵魂和精神都是生命行为的基础，因此也都可以作为行为的本体来理解。

不仅如此，在哲学史上，精神和灵魂还是生命世界与自然世界的区分。在亚里士多德那里，灵魂可以分为植物灵魂、动物灵魂和人的灵魂。其中涉及的这三类存在物作为生命，即使按照今天的科学研究（古人还不能认识到厌氧菌的生存问题），也是需要空气才能够存活的生命物，这三类生命分别具有营养机制、欲望机制和理性要求，所以，当灵魂作为这三类生物的存在基本（本体）时，也即意味着可以以灵魂将这三类生物与其余的自然世界的东西区分开来。在亚里士多德那里，灵魂还有四项机能，分别是理智（νοῦς/intelletum）、知识或科学（ἐπιστήμη/scientiam）、信条或教条（δόξα/opinionem）、感觉（αἰσθήσεως/sensum）。② 这四项机能也是人与周围世界的区分标志。人在自己的认识发展过程中，逐渐在自己与周围世界之间做出更细致的区分，科学的认识也是在这种细致化的努力中逐渐发展出来的。亚里士多德的这些认识，是我见到的古代希腊人对灵魂问题的较为细致的论述。这些论述虽然并不是一个严密的系统，却展现出了很早以前古代人对此问题的丰富思考和系统化的认识取向。当然，今天的

---

① ［法］拉法格著，王子野译：《思想起源论》，北京：生活·读书·新知三联书店，1963年，第123页。

② ［古希腊］亚里士多德著，吴寿彭译：《灵魂论及其他》，北京：商务印书馆，2011年，第55页脚注①。

人们对自然世界的概念理解与此不大相同，人们所说的自然世界不仅指非生命的自然存在物，而且在日常用语中也将除人之外的动物和植物都归于自然世界。在自然科学研究中，人的肉体存在也是自然世界的一部分，这是无可争议的事实。然而，今天的人们已经不再用灵魂和精神去指称动物和植物类的东西，这两个词在人们的写作中更多地用来指依附于人的东西或人身上具有的某种基本的非物质化、不指向固定的客观实在物的东西。

恩格斯上面的那段论述还包含着这样的观点，如果有神论中的神属于精神世界的产物，那么，思维和感觉，以及与之相关的意识，当然也就属于精神世界。基于此，由于观念是意识的产物，是意识中的部分，所以，观念同样属于精神世界。按照狄慈根的论述所呈现给我们的认识，观念、概念、判断等都是精神的表现。狄慈根说："不管我们怎样严格地区分理念（Idee）、概念、判断、结论、表象等等，只要所有这一切都是精神的表现，它们就都具有一个相同的、共同的、一致的本质。"[1] 在这个理解中，这些东西都是精神的表现，因此可以说，精神就是这几者的总概念。

结合恩格斯等人的论述，以及我们对亚里士多德的研究，我认为，在将灵魂作为行为的本体的这种认识中，灵魂的位置已经上升到了生命世界的秩序的顶端，由此，它在其他生命物中所执行的功能，都可以依附在这个含义之下，它们都是灵魂的具体功能或具体实现。至于从灵魂的这些含义中产生的神学意识，则是一种特殊的形态，是过度抽象的结果，无法证实它是人类世界处处存在的现实现象。

在此，我们就碰到了灵魂概念与精神概念的冲突问题，即何者作为总概念的问题。这就需要在具体的用法中予以区分。由于精神概念是与灵魂概念相通的，且它与灵魂的区别在于：在神学的讨论或伦理的讨论中人们通常会论及灵魂概念，但精神概念并不是在这些论述中必然涉及的，它所涉及的只是人的行为，如在道德（moral）的讨论中人们才会涉及精神概

---

① 杨东莼译：《狄慈根哲学著作选集》，北京：生活·读书·新知三联书店，1978年，第41页。

念，人们也把道德哲学称为精神哲学，这种道德哲学与神学之下的那种道德哲学或伦理学是有区别的，所以，当我们要弱化表达中的神学意味或宗教意味时，我们就选择精神概念作为总概念，而灵魂概念则在其过去的语境中仍然保留应有的位置，在论述其历史时，我们仍然将它作为最高的概念。

简言之，精神概念是思维、意识的总概念，灵魂是思想史中与此同级别的总概念。在直接使用精神与物质这一对立概念作为认识论的基础概念时，由于精神不一定能显现出其在认识论方面的专门含义，所以，使用其所包含的意识概念并讨论意识与物质的关系，可以使认识论之基本问题的表述显得更为聚焦。

二、物质概念

物质是作为精神的对立概念出现的，对此，我们不仅可以在常见的哲学著述中找到这样的用法，在马克思和列宁的论述中也可以见到这样的用法。马克思虽然没有专门界定过物质与精神概念，但在用法上却有着明显的区分，以表示它们是截然不同的东西。列宁是把这两个概念作为最基本的哲学范畴来对待的。

马克思说："犹太人问题最终归结成的这种世俗冲突，政治国家对自己的前提——无论这些前提是像私有财产等等这样的物质要素，还是像教育、宗教这样的精神要素——的关系，普遍利益和私人利益之间的冲突，政治国家和市民社会之间的分裂，鲍威尔在抨击这些世俗对立在宗教上的表现的时候，竟听任这些世俗对立持续存在。"①

在这段表述中，我们可以看到，私有财产属于物质要素，而教育和宗教则属于精神要素。私有财产是有着人可以触及的属性的构成物，可以被

---

① 《马克思恩格斯文集》（第1卷），北京：人民出版社，2009年，第31页。

局限在具体的时间和空间内，是直接的构成物；而精神只是思维、认识、道德层面的东西，是信仰层面的东西，也是间接的构成物。这时候，有人也会提出"精神财产"的说法。对此，我的看法是，精神财产主要是指思想和认识层面的东西，它超越于具体的时空限制；而私有财产则是具体的事物，因为它是具体的存在物，所以它才有可能成为私有的。马克思在这里的说法和用词并没有明显的不当，精神和物质的东西在时空性上是截然不同的，一个具有时空性，而另一个则不是必然具有时空性的。时空性即笛卡尔所说的广延。

在马克思之前的哲学史中，笛卡尔也讨论了与物质和精神相关的区分问题。笛卡尔没有明确地区分物质与精神概念，但区分了物质与思维之间的关系。通过笛卡尔的区分，我们也可以理解物质与精神之间形成区分的关键所在。笛卡尔认为，所谓物质，就是具有广延属性的东西，而思维则是没有广延属性的东西，广延就是对思维与物质的区分。[①] 根据笛卡尔的观点，如果我们将广延作为思维与物质的区分，那么，广延至少也是精神与物质之间得以区分的属性之一。在笛卡尔那里，思维是精神的表现形式，思维就是精神的思维，思维可以去领会、去想象。[②] 笛卡尔的这一解释，有助于我们更进一步地理解物质与意识问题的观念史演变。

在马克思之后的哲学史中，列宁认为物质是标志客观实在的哲学范畴。列宁说："如果你们认为人感知的不是客观实在，那么你们就必然和马赫一起陷入主观主义和不可知论，你们就理所当然地受到内在论者即哲学上的缅施科夫式人物的拥抱。如果你们认为人感知的是客观实在，那么就需要有一个关于这种客观实在的哲学概念，而这个概念很早很早以前就制定出来了，这个概念就是物质。物质是标志客观实在的哲学范畴，这种客观实在是人通过感觉感知的，它不依赖于我们的感觉而存在，为我们的

---

① ［法］笛卡尔著，庞景仁译：《第一哲学沉思集》，北京：商务印书馆，2012 年，第 85 页。
② ［法］笛卡尔著，庞景仁译：《第一哲学沉思集》，北京：商务印书馆，2012 年，第 81 页。

感觉所复写、摄影、反映。"① 这段引文中提到的缅施科夫（M. O. Myenbshikov, 1859—1919），是俄国当时的政论家，黑帮报纸《新时代》的撰稿人，反对苏维埃政权的人。②"受到内在论者即哲学上的缅施科夫式人物的拥抱"，这句话在这里表达的意思是主观主义者与那些位于敌对立场和认识的人们的看法是一样的。这段论述中，"反映"这个概念是通过"复写""摄影"这两个概念形象地解释的。

列宁的这段论述包含了以下四个含义：

第一，人所感知的就是客观实在。

第二，物质是标志客观实在的哲学范畴。

第三，人们感知的是物质所标志的客观实在，而不是物质。

第四，由物质所标志的这种客观实在不依赖于感觉而存在。

根据这四个含义，再结合本章一开始引用的列宁关于物质是不可定义的观点的论述，我认为，物质有这样三个方面的含义：

第一，物质是作为世界的两个基本范畴之一而言的，是无法以"种 + 属差"的方式定义的，因为找不到它们的"种"概念。③

第二，作为基本概念，物质是客观实在的标志，是范畴，而自身并不直接是客观实在。

第三，人们感知和认识的是物质这个基本范畴所标志的东西，而不是物质，客观实在是不依赖于感觉而存在的，而不是直接说物质是不依赖于感觉而存在的。

在目前通行的教材《马克思主义基本原理》（2021 年版）中，与物质

---

① ［苏］列宁：《唯物主义和经验批判主义》，北京：人民出版社，2015 年，第 126 页。

② ［苏］列宁：《唯物主义和经验批判主义》，北京：人民出版社，2015 年，第 461 页。

③ 根据汪子嵩等人的研究，在亚里士多德的原文中，概念的定义方式是"种 + 属差"，这一点我是没有异议的。但我们的形式逻辑教材中却通常写作"属 + 种差"，存在理解中的不一致，既有人把定义中的"差别"理解为"种差"，也有人理解为"属差"，但按照亚里士多德的原文来理解，应该是"属差"，即属与属之间的差别，而不是属与种之间的差别，如果是种与属之间的差别，则成为不同层次的东西，种属之间没有本质上的差别，因为种包含属，它们之间是层级上的差别，而属与属之间是有本质上的差别的。

对立出现的概念分别是精神、思维、意识。不同概念的出现针对的问题是不一样的：物质与精神对立起来使用，是对哲学基本问题的论述，这一论述关系到马克思主义的世界观问题；物质与思维对立起来论述，是认识论的问题，涉及的是思维与物质的区分、思维在认识中的作用；物质与意识对立起来论述，实则是物质与思维对立论述的转换，讨论的仍然是认识论问题。

为了形成认识，必然要有认识的对象，而认识的对象就是现象的东西，现象的东西就是物质序列的不同变化。狄慈根说："思维能力为了发挥作用，为了成为现实的，就需要一个对象、一个实物（Stoff）、一个材料（Material）。不论我们按狭义的，即古典的意义，还是按广义的，即认为科学包括一切知识的意义，来理解科学这一术语，科学中总表现出思维能力的作用。科学的一般对象或实物是可感觉的现象。我们知道，可感觉的现象是一种无限的物质变化。世界和世界上的一切都是由空间上同时并立的、时间上前后继起的物质变化构成的。"[①] 我们从狄慈根的这些论述中还可以看到马克思主义的认识论思想与现象学的认识论是有相通之处的。思维能力需要对象，这样的看法在我看来与现象学所主张的"意识是朝向某物的意识"的含义在本质上是一样的。"某物"就是"对象"，如果将此指代客观世界中的事物，那么人所认识的现象或对象都是物质序列的变化。

综合上述分析，在马克思主义思想中，物质不是作为自然世界的本体或作为客观实在的本体来理解的，它不是被设定为构成世界的最终材料，所以，它是客观实在的标志且自身不直接就是客观实在；作为范畴，它显然不是可以感觉到的，而只能被认识到。同时我们也应该清楚的是，物质（material/matter）这个单词的另一含义也是材料的意思，它的希腊文单词

---

① 杨东莼译：《狄慈根哲学著作选集》，北京：生活·读书·新知三联书店，1978 年，第 30－31 页。引文中，实物（Stoff）、材料（Material）与物质（Materie）的含义是相通的。

hýle（ὕλη），在亚里士多德那里就被认为是世界的构成材料。客观实在就是包含人的身体在内的客观世界，它就是更为广泛的自然世界概念。

这里面仍存在一个问题，就是客观世界、自然世界（自然界）、客观实在之间的关系，它们在何种情况下是同一个东西。在此我们需要简要梳理一下：自然世界作为研究对象，它就是客观世界，也是实在的东西，客观实在性也是客观世界或自然界的标志，所以，客观实在就可以指自然世界。而相对应地，主观世界就是精神世界，它也是有实在性的，只是这种实在性是依赖于客观的实在性而呈现的，如果主观世界没有实在性，也就意味着主观世界的东西是不存在的，这显然是悖谬的说法。

由于"世界"是指所有的东西，因此，根据上面的论述，我们就可以将世界分为主观世界和客观世界，或依据物质与精神的含义分为物质世界和精神世界，或分为自然世界和精神世界，这些划分具有同样的含义，是相通的东西，只是我们在具体的论述中为照顾文本的历史语境或当下的讨论语境在选词上会有差别。

第四节　第一性与第二性

上述的分析还有一个问题需要澄清：当物质作为自然世界的本体，灵魂或精神作为行为世界或精神世界的本体时，产生了两个本体，而这个世界究竟是有两个本体还是一个本体的问题，就构成了一个矛盾的问题，这也是划分二元论与一元论的关键所在。如果世界有两个本体，那就是二元论；如果只有一个本体，那就是一元论。如果世界有物质和精神两个本体，认识或思维是精神本体的表现，那么，就面临思维如何能够获得对自然世界的一致性认识的问题，因为它们在根本上是不同质的东西，不同质的东西之间如何获得认识的一致性是一个很难回答的问题。

恩格斯认为："我们的主观思维和客观世界遵循同一些规律，因而两者的结果最终不能互相矛盾，而必须彼此一致，这个事实绝对地支配着我们的整个理论思维。这个事实是我们理论思维的不以意识为转移的和无条件的前提。"① 这就是说，"准心"只能有一个，否则就无法建立起统一化的系统性认识。这是恩格斯对分析命题中的基本法则之矛盾体的表述，也是认识所要遵循的基本准则。作为世界之统一性的决定者只有一个，因此，双本体是不存在的。

统一性的认识是认识能力所要达到的目标，尽管世界的现象是多种多样的，但"头脑则从共同点上把世界理解为统一的"②。而要获得统一的认识，意味着也需要统一的实在性的基础。这也就意味着，如果世界只有一个本体，那么，物质本体和精神本体究竟哪个更为根本，是否还存在超出这两个本体的东西。后一个问题，在我们目前的认识程度上，是不可解的。前一个问题，就是列宁所说的究竟是物质第一性还是精神第一性的问题。也就是说，本体论问题由于缺乏根本的说明，且面临不可解的矛盾，需要被转化为更为明晰的问题。

列宁根据自己的理解，将思维与存在的问题发展为物质第一性还是精神第一性的问题。这可以在列宁的论述中看到。

列宁说："问题在于：理性、思维、意识在这里是第一性的，自然界是第二性的。"③ 在这里，理性、思维、意识是同一维度的东西，在唯心主义哲学家那里成了第一性的东西，列宁要批评的就是这样的观点。

对此，列宁还有一些表述："恩格斯说得对，实质不在于一个哲学家归附于唯物主义或唯心主义的许多学派中的哪一派，而在于他把自然界、外部世界、运动着的物质看作第一性的呢，还是把精神、理性、意识等等

---

① ［德］恩格斯：《自然辩证法》，北京：人民出版社，2018 年，第 182 页。
② 杨东莼译：《狄慈根哲学著作选集》，北京：生活·读书·新知三联书店，1978 年，第 19 页。
③ ［苏］列宁：《唯物主义和经验批判主义》，北京：人民出版社，2015 年，第 162 页。

看作第一性的"①；"恩格斯说，彻底的哲学学说必须或者把自然界当作第一性的，或者把人的思维当作第一性的"②；"恩格斯一方面考察人的认识和意志，另一方面也考察自然界的必然性，他没有提出任何规定、任何定义，只是说，自然界的必然性是第一性的，而人的意志和意识是第二性的"③。

就列宁的这些说法而言，恩格斯的确在《路德维希·费尔巴哈和德国古典哲学的终结》表达过这样的观点：精神与自然界、思维和存在哪个是世界的本原，构成了唯物主义和唯心主义的区分。但恩格斯没有在这一论著及其他的论述中说过"物质是第一性的"这样的论断。当然，"第一性"（primär）这个词在德文中本来的意思就是原初的，但恩格斯说的是"自然界是本原的"，没有说"物质是本原的"，而且，这里的"本原"也没有明显的"本体"的含义。

在马克思和恩格斯的著作中没有"物质第一性"这样的表达，他们都使用过第一性和第二性这样的表述，以表明第一性的东西是主导的，第二性的东西是从属的，是从属于第一性的东西的。

马克思在阅读亨利·萨姆纳·梅恩（H. S. Maine，1822—1888）的《古代法制史讲演录》一书摘要时的批注中写道："不幸的梅恩本人也根本不知道：在存在国家（在原始公社等之后）——即政治上组织起来的社会——的地方，国家决不是第一性的；它不过看来如此"④；"这一'道德的'表明，梅恩对问题了解得多么差；就这些影响（首先是经济的）以'道德的'形式存在而论，它们始终是派生的、第二性的，决不是第一性的"⑤。从这两段话我们可以看到，第二性是第一性所派生的东西，国家、道德都是第二性的东西，第一性的东西是社会关系或形成社会关系的东西。

---

① ［苏］列宁：《唯物主义和经验批判主义》，北京：人民出版社，2015年，第167页。
② ［苏］列宁：《唯物主义和经验批判主义》，北京：人民出版社，2015年，第185页。
③ ［苏］列宁：《唯物主义和经验批判主义》，北京：人民出版社，2015年，第192页。
④ 《马克思恩格斯全集》（第45卷），北京：人民出版社，1985年，第645页。
⑤ 《马克思恩格斯全集》（第45卷），北京：人民出版社，1985年，第646页。

　　在分析经济学问题时，马克思说："消费者的收入有一部分不是第一性的，而是第二性的，是从利润和工资派生的"①；"这里，首先要指出，李嘉图承认'资本的积累……在所有情况下都必定取决于劳动生产力'，因此，第一性的是劳动，而不是资本"②。在这里，消费者的收入是从属于利润和工资的，因而是第二性的东西，资本从属于劳动，不是主导性的，所以劳动是第一性的，资本是第二性的，由此，应该以劳动为核心构建社会分配秩序，而不是以资本为核心构建社会分配秩序。

　　恩格斯也使用过"第一性"这一概念，但是很少见。我们是在这段论述中见到这一用词的："在这里开端不应当是相对的第一性的东西［prius］，就像在潜在力先于转化的纯粹思维中那样，而应当是绝对的第一性的东西，这样转化就不是从概念到存在，而是从存在到概念。"③ 也就是说，潜在的东西（潜在力）是第一性的东西，实现了的东西是第二性的东西，存在是第一性的东西，概念则是第二性的东西。

　　综上所述，我们可以看出，第一性就是主导性的东西，第二性就是派生的东西，是从属于第一性的东西。因此，在一元论的世界观中，如果说物质是第一性的，那么精神就是从属于物质的东西，反之亦然。在何者为第一性的论述中，列宁的论述实则是强调世界的本原问题，而马克思和恩格斯的论述则在突出谁是主导谁是从属的问题。马克思和恩格斯的论述中，第一性与第二性在用词中的含义与伽利略和洛克实则是一致的。

　　物质与意识概念是马克思主义认识论的基石，物质既是标志客观实在的哲学范畴，也是认识论上对世界统一性的说明的根据，意识则是认识的能动性的体现。这是我们从马克思主义哲学总的出发点来看待马克思主义认识论的问题而得出的看法。通过对相关的平行概念的澄清，我们基本厘

---

　　① 《马克思恩格斯全集》（第 25 卷），北京：人民出版社，1974 年，第 562 页。
　　② 《马克思恩格斯全集》（第 25 卷），北京：人民出版社，1974 年，第 618 页。
　　③ 《马克思恩格斯全集》（第 41 卷），北京：人民出版社，1982 年，第 240 页。第一版译文"象"据中文第二版和《文集》的正字法订正为"像"。

清了这一对概念的含义，以及它对马克思主义认识论和其他认识论研究的重要意义。对世界的根本看法以及这一看法在认识论中的意义，虽然不能必然地为我们更高的认识需求带来新的思考，却可以在认识的前进过程中避免根本性的谬论的出现，避免根本性的错误的方法和原则。没有正确的思想，就不可能有或难以获得正确的方法；没有正确的方法，就不能继续产生正确的认识；没有进一步的正确认识，就不能达到我们的目标，也即难以满足我们的需求。

从"思维到存在"转化为"物质与精神"是理解的变化，是认识的加深，是认识的熟悉化，并不意味着改变了对世界的根本认识。

此外，我们还应该顺带论述辩证法与辩证论的问题，由于辩证法（辩证论）是世界的根本规律，自然也就是认识论和逻辑学的根本规律。对于这些研究，学者们已有很好的论述，再对其进行论述无疑是画蛇添足，对此读者可以参阅黄楠森的论文《关于唯物辩证法的核心问题》[①]、王南湜的论文《论辩证法的三种形态》[②] 和其他著名学者的相关论述。

在以往的研究中，意识反作用于物质是人们的共识，这种反作用也是意识能动作用的体现，但我们没有见到意识的能动作用是如何作用于物质的描述。我在这里尝试表达一下自己的理解。我们在认识客观实在时，把握的是客观实在的要素，而意识作为客观实在的产物，实则也是一些特定的客观实在要素的组合，所以，意识的能动作用即成为部分客观实在要素对另外一部分客观实在要素的作用。将二者要素化，则可以用来理解物质与意识相互作用的根本原因。在这个理解中，意识作为客观实在的部分要素，也意味着它是局部，作为局部，则其可实施的相应功能不能无限夸大，但由于其可以与其他客观现实要素发生关系，所以，其可能存在的功能范围是无限的，但其无法超出整个客观实在。

---

① 黄楠森：《关于唯物辩证法的核心问题》，《社会科学战线》1993 年第 2 期，第 87 - 92 页。
② 王南湜：《论辩证法的三种形态》，《教学与研究》1998 年第 5 期，第 17 - 21、64 页。

第五章　客体与主体

主体与客体这一组概念发端于笛卡尔哲学，后来又在黑格尔那里得到进一步阐发，慢慢地，主体与客体也成为马克思主义哲学及其认识论的重要概念。国内外关于马克思主义认识论的研究著作，都涉及主体与客体的论述。在近些年的研究中，人们对这两个概念理解并不相同。在这里，有必要重新探讨一下这一组术语的含义，这对于澄清实践与认识、真理与谬误等概念都是必要的。

第一节　客体的含义

以往的马克思主义认识论研究在探讨主体和客体问题时，首先探讨的是主体概念，客体概念被默认为是清楚的。我们可以见到很多关于主体的论著，但很少见到专门探讨客体的哲学论著。这些研究颠倒了主体和客体在认识上的发生次序，带来不少误解，也存在不少混乱。如科普宁就是按照这种路径来处理主体和客体问题的。科普宁说："对认识过程，最初看来，可以发现其中有三个要素：主体、客体和认识本身。在解决实际上是否有三个认识的要素问题之前，必须弄清是什么构成认识的主体，是谁在思维和实际改造自然界。"① 他的这种做法具有一定的代表性。

在我们通常的术语连用中，我们的表述也是主体在前，客体在后，在本书一开始就采取了这种习惯性的做法。我们大可不必一开始就改变这种语序，但不能被语序干扰了研究次序。习惯性的表述是一回事情，实际的研究和认识的发生是另一回事情。例如，通常人们会在表述中说"父子"，但实际情形是：当孩子出生后，才确立了父亲的身份和称呼，所以，根据其子而寻其父无论何种情况都有必然的结果，但根据其"父"寻"子"却不会得到必然的结果。但我们也不会刻意改变这种带有次序的用词，因为它在传统语境中也是伦理关系的体现。我猜想，一些研究者是因为不假思考而沿用前人的语序，另一些研究者是因为认识到了主体在认识活动中相对于客体的重要性，在语序上将主体置于客体之前。但我们都清楚知晓的是，不同的出发点所形成的理论是不一样的。

按照概念和认识明晰化的发生次序，我们先探讨客体这一概念。在主客二分的认识论中，主体固然重要，但对主体的探讨应该在客体的探讨之后，然后才能清晰地理解主体，而不是将主体粗略地作为人或社会关系中的"人"来处理，这样做虽然有了一个可以直接思考问题的起点，但起点本身的确立过程并没有进行严格的考察。

我们在汉语中使用的"客体"一词，其英文是 object，它的基本含义是"有形的、呈现给感官或被感知的东西"，来自拉丁文 objectum。这个拉丁词的基本含义是"呈现在心灵或视感前面的东西"，其动词形式是 ōbĭcĭo 和 objĭcĭo，由 ob（对立） + jaciō（投射）两个含义组成，因此可以理解为向对立面投射或投射到对立面。在这个意义上，objectum 或 object 的含义似乎可以理解为"在投射中所要瞄准的那个东西"。

但并没有充分的理由这样去做。之所以产生这样的理解，还和另一个

---

① ［苏］巴·瓦·科普宁著，马迅、章云译：《马克思主义认识论导论》，北京：求实出版社，1982 年，第 61 页。

词义在使用中的分化有关。这个词就是我们通常所说的"主体"，即英文的 subject，它的原意为"在另一个人的控制和主宰下的人"，来自拉丁文动词 sūbǐcǐo，由 sub（向下、下面）+ jaciō（投掷）构成，其基本义为"投掷、扔在下面或近前"。一些人认为，正是因为有"扔在下面"这个含义，所以，subject 才有"征服"或"主宰"这个含义，因为"将俘虏扔在下面"象征着征服或胜利。

　　通过这一步的考察后，我们还看不到这两个词语之间含义明确的对立化区分。含义的分化是在认识的发展过程中基于用词需求而逐渐形成的。我们可以说，subject 和 object 在起初的拉丁文语源中是近义的，都和"投掷"相关。在 16 世纪英语重新拉丁化时期，subject 才出现了"行为的发出者"这个含义，这个含义才与我们今天的含义大致接近。但 subject 和 object 出现对立的含义，还因为构词及含义分化的一个基本规则，就是"反义同根"，也叫"施受同根"，这种现象无论在拉丁语和英语中，还是在汉语中都是常见的，即很多反义词的词根是一样的，只是在区分中一个表示这一侧的事物或现象，一个表示另一侧或对立的事物或现象，如受、授，买、卖，black、blank 等。基于这种含义区分使用的规则，subject 和 object 恰好可以符合这种区分使用的要求，因为两者表示的含义都与同样的行为相关。因此，围绕"投掷"或"投射"这个含义，subject 由于其本身就有通过"服从"而反向引申出的"主宰"这个含义，所以，可以用其来表示"投射"行为的发出者；相对应地，"投射"行为中的这个含义被占据后，object 或 objectum 就只能领有"投射的目标物"这个含义了，也就是我们今天所理解的"对象"，即对立面的东西。简言之，object 是行为的接受者，subject 是行为的发出者。

　　以上我们通过词源的含义和词义在用法上的分化规则考察了 object 和 subject 的相对立的含义。subject 的拉丁文形式 subjectum 表示的是语法中的主语或命题的基础，也用来翻译亚里士多德的 hypokeimenon（ʽυποκεί-μενον，基底）这个词。但这两个词还是有区别的，前者被理解为命题的

"主词"，后者被理解为"基底"，二者并不完全相同。

经过以上考察，我们基本可以确定的有这样几点：

第一，object 与 subject 是同根词，都与投射或投掷有关。

第二，在对立的含义区分规则中，object 是行为接受者，即对象，subject 是行为的发出者。

第三，subject 的拉丁文词源 subjectum 在语法中表示的是主词或主语。

第四，在明确的含义中，subject 是行为的主宰者，是主宰的人，其另一明确的含义"服从"是在同一情形中分化出来的相反的含义，object 就是具体的可以看到的事物，或感官可以呈现的事物。这也就是说，subject 这个词分化出了对立的两个含义，而 object 分化出来的含义则不存在对立，而后，选取了 object 和 subject 中两个形成对立的含义构成了客体与主体这样一对哲学范畴。

当然，人们在自己的研究中可以发现更多的含义，这并不奇怪，因为词义的发展是伴随着认识的发展而发展的，人们没有必要完全限制再造新词，也没有必要限制从旧的含义中发展出新的含义，但含义的发展与区分必然需要一定的规则，否则，不着边际的、混乱的、无规则的移用只能使理解和交流变得困难。在这四类含义中，第一类显然是词源上的含义，第二类是在用法规则下区分出来的含义，第三类是语法中的含义，第四类是明确的指类具体事物的含义。

通过对这些含义的区分，我们隐约知道"客体"就是"对象"或具体的事物。object 应该有三个含义，一个是客体，另一个是对象，还有一个就是可被感官呈现的具体事物。后面两个含义我们可以在上述的分析中明晰地找到，但是客体的含义我们并不能找到。作为一个抽象的术语，它与哲学论述中的用法有关，并不能够在日常的用法中获得理解。

object 这个词由英文哲学著作进入德文哲学著作后，只是作名词使用，首字母大写后成为 Object，成为专门的哲学术语，这时候，这个词才逐渐限定为我们现在所谓的"与主体相对应的客体"这一含义。

在德语哲学术语中，还有 Gegenstand 这个词，其对应的形容词形式 gegenständliche 通常被翻译为"客观的"或"对象性的"。[①] Object 在德国古典哲学中是 Gegenstand 的同义语。[②] 这就产生了 Object 与 Gegenstand 在语义上的"撞车"现象，在后来的使用中有些哲学家对其有明确的含义区分，而有些并没有。在未做区分的情况下，Object 是 Gegenstand 的同义语，都是指"对象"或"客体"，即与意识相对立的被意识所要执行认识功能于其上的"对象"，或含混地说就是"认识对象"，宽泛地说就是"处于某个东西或主体的对立面的东西"。如果这个东西是人的话，它就是人所要处理或认识的对象；如果这个东西是意识的话，它就是意识的对象。在解决"撞车"情形时，没有必要为了表达同一含义而使用两个不同的名词，Object 就仅仅指"与主体相对立的那个含义"，即被支配的某物或被支配者，这时候，它的含义范围是处在"对象"（Gegenstand）这个含义之中的。

由于主体与客体在认识活动的哲学化思考中被处理为认识的两极，所以，客体在这个结构中就是认识的对象，因为认识总是主体对认识对象的认识。这或许也就是胡塞尔将客体理解为认识对象的缘由。如胡塞尔认为，既不是内在对象，也不是意识体验，而是外在于意识的东西，如果将这样的对象当作客体，那么，它就是客观科学研究的对象。[③] 在这里，"客体"的含义就是研究对象或认识对象。作为研究对象的客体，当它充当了述谓结构的成分并出现在命题或判断中时，它就是主词。

结合以上粗略的研究，我们总结一下客体的四个含义：

第一，"客体"就是"对象"。

第二，"客体"是研究对象或认识对象，它的范围略窄于"对象"。

---

① 《马克思恩格斯文集》（第 1 卷），北京：人民出版社，2009 年，第 503 页。

② 倪梁康：《胡塞尔现象学概念通释》（增补版），北京：商务印书馆，2016 年，第 342 页。

③ ［德］埃德蒙德·胡塞尔著，倪梁康译：《文章与讲演（1911—1921 年)》，北京：人民出版社，2009 年，第 89 页。

第三，"客体"是被支配的东西，相对于主宰者而言。

第四，"客体"就是主词。

合起来说，客体就是对象，但它只是研究对象，研究对象就是主词，客体也是被支配者。

在此，我们的分析并没有结束，还有一些附带的问题需要说明。Gegenstand的本义为"处于对立面的"，德文中相应的 gegenständliche 通常有两种翻译，一种是"客观的"，一种是"对象性的"。这两种理解与汉语的表达有很大关系，"客观的"在汉语中表达的是"以自然客体为基础的认识"，自然客体是认识的"准头"，它也更多的是突出自然客体或客体一侧的固有的表现或性质；而"对象性的"则意在映射"主体"的"投射行为"，如意念的投射、想法的投射等。这两种理解都对应英文单词 objective，在理解时我们需要主动进行含义的切换，以便恰当地理解哲学家们使用 objective 和 gegenständliche 时表达的含义。

第二节　客体的类型

在上述意义上，我们会将"研究对象"作为"客体"的明确含义。尽管它还有其他含义，但为了整理出一个清晰的含义线索，我们需要这样做。为了适应认识的变化和发展，表达中概念的含义往往是变化的，但变化的含义之间始终有不变的内核或统一的形式。在理解和使用中，首先要确定一个明确的含义，其他的含义最好是贴合或绑缚在这个明确的含义上，否则，理解的混乱性就会增多。

通过"研究对象"这个词，我们一方面可以扩展到"对象"的含义；另一方面可以扩展到"被某种行为支配的东西"，因为研究对象必然要被"抓住"后才能进行研究或详细查看。我们还可以扩展到"主词"这个含义，因为研究对象在陈述形式中就是谓语部分所要描述的对象。在这个扩展过程中，我们获得了认识得以形成的一个粗略的结构，但这仅是一个粗略的结构，真正验证它的效力和完善它的结构还需要很多工作。

一、自然客体与意识客体的划分

我们在这里真正要做的工作是对客体进行分类，也就是对研究对象进行分类。分类工作前人已经做过，只是在不同时期的说法不一样。如恩格斯说："世界和思维规律是思维的唯一内容。"[①] 这实际上是表明了思维的两类研究对象，一类是世界，一类是思维规律，而思维规律就是意识中构造的东西，这也是按思维及其内容而划分的，即要么思维的对象是世界，要么思维自身作为认识对象，这样就在整体上划分完毕了。这也是将思维从世界中独立出来后考虑问题的做法，在思维独立出来后，剩余的世界是认识对象，而又因为思维本身也是世界的一部分，所以，思维也是认识对象，合起来而言，认识的对象就是"全部的世界"。因此，结合恩格斯的论述和当今哲学研究中的公允意见，客体通常被分为两类：一类是自然客体，是与意识外界的事物相关联的，它是以表象的形式出现在意识平面中的，作为表象呈现时，与意识外的事物有着直接的明确的对应物；另一类是意识客体，它是存在于意识平面之内的或许会表象出来的东西，其自身并没有直接的对应物，但可以通过对应物之间的关系或形式被描述出来。我们通过狄慈根的论述也可以看到这一观点。狄慈根说："我们通过思维可以从两个方面来认识全部世界：外在的现实（Wirklichkeit）和内部的思想、表象。外在的事物跟头脑中的事物完全不同，这一点是容易看出来的。外在的事物在进入我们的头脑时，不能保持 in optima forma（最高的

---

① ［德］恩格斯著，中共中央马克思恩格斯列宁斯大林著作编译局编译：《反杜林论》，北京：人民出版社，2018 年，第 356 页。

形式）和本来的广延，头脑不能容纳事物本身，而仅能容纳事物的概念、表象及其一般的形式。"[①]

对于第一类客体人们很容易理解，但对于第二类客体则不然。理解的困难在于对意识客体的理解并没有形成一个明晰的东西，或者没有确立一个明晰的内核，如果有了一个明晰的内核，通过这个核心的扩展或变形就可以理解相关的含义，包括理解那些不恰当的意义引申所形成的含义。"意义引申"在这里的含义就是意义的扩展或变形，包括反向的变形在内。因此，在这里我们首先并不是立马去反对这样的划分，而是沿着这种划分，看能不能获得进一步的发现。如果这种划分是不合适的，那么，认识就无法沿着这条途径进一步推进；如果它有可取之处，就可以沿着这种划分继续推进，直到不能有效推进为止，我们才另寻其他的划分方式。

在上述认识中还必须澄清这样一个误解，这种误解认为：如果将思维作为客体或认识对象，那么，就会产生一个更高的东西以认识思维，这种理解是多余的，因为我们将思维作为自身的认识对象后，问题一次性就处理完毕了，每一个对象都关联着认识它的思维，而不需要重设思维以增加复杂性与多重性，那是一种恶的认识推导，它实则违背了自己起初的原则，即每一客体对应一个主体，这个逻辑不能层层传递，叠加传递后并不一定是有效的，如果它一直违背自己的原则，就不可能得到固定的认识继续下去，如果不是陷入对世界的不可知论，那就可能是去寻找神学上的根据。

二、意识的形式作为意识客体

由于意识客体的含义是不明确的，所以，我们需要确立一个明确的含义，这个含义就是"形式"。将"形式"确立为"意识客体"的明确含

---

① 杨东莼译：《狄慈根哲学著作选集》，北京：生活·读书·新知三联书店，1978 年，第 18 页。

义，理由是这样的：

首先，我们将自然客体的关系处理为空间关系、时间或顺序关系，这意味着我们就可以通过位置的排布和次序的排布来确定客体之间的关系。而这种关系并不是自然世界直接呈现给我们的，它不像一个单个的自然客体或实物那样呈现给我们，而是需要我们的意识对其进行处理或加工后才能呈现给我们。这些被人的意识处理或加工的形式，也可以再度借助自然客体而使别人也能够得以把握或形成。正如恩格斯在批判杜林（K. E. Dühring，1833—1921）时所认为的："逻辑模式只能同思维形式有关系，但是这里所谈的只是存在的形式、外部世界的形式，思维永远不能从自身中，而只能从外部世界中汲取和引出这些形式。"① 这就是说，思维的一些形式是从外部世界中获取的，而不是思维或意识自身凭空加工出来的。在胡塞尔所理解的自然客体中，他也认为："自然客体必定先于所有理论而被经验到。"② 在这种意义上，能够有效传授的知识必然要借助于能够被别人把握的形式，这种形式最好可以通过外在的自然客体被把握到。在较为古老的文字记载的人类生活中，就已经有通过位置、时间对事物进行描述的做法，这种信息或认识传递的有效性正是建立在这种容易被人们把握的形式之上的。

其次，当我们将空间理解为静态的形式，将时间理解为次序的形式时，类似于时间的那些形式关系的表现就显得比较复杂，而空间的形式则能够以图形的方式呈现出来，通过这些以图形表示出来的东西，人们借以再度把握到图形所指向的自然客体或实物；通过透视化的理解，人们可以表现较为复杂的空间关系；通过统一化的理解，人们可以在静态的形式之间建立不同的演化、变化关系，或者把运动着的形式分割为静态的形式予

---

① ［德］恩格斯著，中共中央马克思恩格斯列宁斯大林著作编译局编译：《反杜林论》，北京：人民出版社，2018 年，第 35 页。

② ［德］埃德蒙德·胡塞尔著，倪梁康译：《文章与讲演（1911—1921 年）》，北京：人民出版社，2009 年，第 75 页。

以进一步细致化的理解；通过同一化的理解，人们可以建立关于世界的某些目标，对世界予以简便化的理解。在此基础上，人们也可以将运动以图形化的方式表现出来。这些能够表现出来的形式，以及后来能够在誊写和印刷的纸张上描绘出来的形式，可以再度成为意识中可以回想或构造加工的图像形式。这些形式，在科学文化教育日益普及的今天，很多人还是可以理解和把握的。人们可以借助绘图来完成对自然客体的形式化处理，也可以在脑海中独立地进行。

最后，我们还会遇到"量"的形式。在我的理解中，是把数量理解为形式的。量的形式就是我们在算术中通常处理的对象，它是以单个的形式或特定的形式为单位而建立起来的。虽然它是基于单个的形式单位建立起来的，但它在建立起来之后，就可以成为相对独立的形式以处理自身形式之间的关系，这就形成了算术或度量学。由于它是基于单个形式建立起来的，这些单个的形式就可以通过单个的自然客体被再度意识到，如小学生的计数训练就是这样完成的，而且，由于自然客体也是以单个的形式被表象或被认识，且这些单个的形式又可以切分为更多的形式，这样，量的形式就可以体现为自然客体之间及其内部的量的关系。这样一来，它就不仅可以处理空间的关系，还可以处理运动的关系。它可以看作更为精细化的形式，是为了达到不一样的认识目的而设立的。人们可以借助今日发达的算术系统和几何系统来理解意识中的这一形式。

在这些分析中，我们就可以看到两类形式，一类是能够以图形表象出来的形式，一类是以量表象出来的形式。这两类形式并不是我们按照"非此即彼的设立方式"（$\{A\}$；$\{-A\}$）划分出来的，而是从一个明晰的类过渡到另一个明晰的类，而后意识到它是两类形式。因此，如果我们将这种"划分"也称为划分的话，那么，我们就扩展或改变了起初的那种非此即彼的"划分"的含义。如果我们不注意这一点，就会导致认识的含混，从而认为意识中的形式只有这两类，因为既然可以从一类过渡到另一类，而这并不意味着是非此即彼的，那就意味着还可能过渡到其他被发现的类。

如果不坚持这一点，那就等于阻止了继续推进认识的动力，或将认识或经验扩展出来的东西视为认识的边界，同时也意味着含糊了两种被我们都暂且称为"划分"的行为。上述两种意识形式只是举例，还有更多的意识作为意识客体而存在，如时间形式、统一性、同一性等，都是特定的意识形式，有极个别是意识自身独立产生的东西，更多的是借助外物可以建立起来的形式，不同的事物转化为形式要素，在意识平面内进行组合和特定的标记，就逐渐构成了我们的整个知识系统。它们都是认识论研究中要考察的对象，由于涉及的情形较多，此处不再一一详述。

三、不明晰的意识客体概念

按照上述考察，如果我们含混地使用"类"这个概念，意识的形式可以被划分为两类，人们可以借助现有的形式成就来理解这两类形式。但是，由于这两类形式是我们在认识中从一类明晰的形式过渡到另一类明晰的形式而获得的，所以，这种"过渡"意味着意识的形式还将会有其他的形式，这是需要随着认识的推进而不断扩展或重新思考的问题。同理，意识客体不只是意识形式这一类，还会有其他的类，这需要不断地探索才能逐渐明晰化或认识到，如艺术审美中的内在感觉形式、诗歌艺术中的直觉形式、科学探索中的灵感形式、特定人群中特定的感知形式等，需要掌握科学描述方法后很好地描述出来才能进行进一步的研究。

抛却自然客体后，如果意识中其他类型的东西被我们意识到了，如果能够以明晰化的方式进行处理，那么在认识的形成过程中它只能被处理为形式，这是我们现阶段人类的精细化的认识要求所必然采取的方式，所以，明晰化的意识客体最好以形式的方式存在。对这些形式的产生、变化、发展的考察，就是认识论研究所要完成的任务。那些未能明晰化地处理的客体，仍然是认识论研究中我们要处理的对象或认识的对象。

那些尚未能够充分地以某种形式予以明晰化的客体，例如情绪、审美体验、欲望、意愿等，是我们需要进一步认识的对象。对它们的认识，目前来说还有一定的困难，可以留待专门领域的研究去做，但就我的粗略认识来看：它们一方面体现为某种复杂的判断，只是这种判断我们未能研究透；另一方面体现为人作为个体、作为自然客体时所存在的一些有待发现的东西，因为它们有着一些直接的、明显的、外在的表现。

意识的形式是认识论研究的对象，如果我们将意识的形式视为意识客体，且由于意识的形式是意识行为的结果，那么，意识行为也可以视为意识客体，成为被研究的对象。基于这种考虑，如果我们将意识的形式视为意识行为中的一个类型，那么，还应该存在其他类型的作为意识行为的意识客体。如我们可以将前述的情绪、审美体验、欲望、意愿等，暂且视为与意识的形式相比而言是不同类型的意识行为或意识客体，因为这些客体都与意识相关，或我们在初步的察觉中认为它是属于意识范围的。由于我们并不能够对其有更多的了解或认识，所以这些客体对我们而言在认识上是相对含混的。对于这些相对含混的客体执行认识行为，在意识自身范围内如果要达到进一步的清晰性认识时，它们必然要被处理为意识可以把握的形式，所以，这些客体最后会以更精细的形式在意识中被表象出来。但以更精细的形式再度表象它是有限度的，或者说对其认识予以进一步的推进是有限度的。为了满足更高的认识需求或更为精细的认识需求，对此我们可以继续在意识自身内按照内在的探查方式进行处理，也可以交由自然客体的研究去尝试处理。在后一研究中，它就不再是意识客体，而被视为自然客体了。

因此，这里的分析也意味着：保留其他类型的意识客体概念或非形式的意识客体概念，而不只是将意识的形式视为唯一的意识客体，这样的做法是有必要的，它们虽与意识相关但对它们的认识是相对不明晰的，所以暂且需要这样去做，待进一步执行意识的处理后再做具体的归类。同样，在自然客体的研究中碰到不能归类的客体时，也必然是先要在意识领域判定一番，审定其在客体形式上的归类，在初步的认识执行完毕后，再交由自然客体的研究去推进。这种过程可能要反复进行，这不仅是由客体自身的类型所决定的，也是由认识需求的提高或变化所决定的；或者说，在对自然客体的研究出现瓶颈时，也会返回到意识客体中去重新组织形式，以期待形成更好的解释和认识。前述被暂且视为意识客体的东西也会存在这种情形。

四、不明晰的自然客体概念

一个客体首先是在意识中被处理的，处理完毕后，再以其他方式处理。当以意识之内在的方式处理达到其界限时，再选用其他的相对外在化的方式去处理。但是，意识的外在化的方式的处理结果最后也要受到意识的内在的审查，也就是说，满意与否并不完全取决于外在的处理方式和结果，还需要内在的核验，这就使得外在的处理方式和结果并不一定具有认识上的独立的必然性。那么，内在的认识是否自己能够决定自己的必然性呢？这就要视意识内在自身所规定的必然性是什么而定。在不同的认识需求下，意识内在所规定的必然性是不一样的。意识的内在的处理方式，就是以形式化的方式对对象执行认识或对问题进行处理，它是以自己现有的一些形式去处理的，能处理则处理，不能处理则要么暂且搁置，要么交由外在的方式或其他方式去处理。当然，有时也会变更出新的形式，这就会带来全新的认识。我们也可以说，内在的处理过程规定了外在处理的目的，所以，外在的必然性就是内在的不同程度的必然性要求，即对外在的处理结果而言，意识要能够在不同程度或不同范围内重复把握到才算达标。因此，我们也可以说，必然性是内在的要求，但这个内在的要求却不是凭空的只是在大脑中形成的要求，它是在之前的认识中品尝到的认识的"美味"，或依据之前的要求构建的东西。建立这种必然性后，在此后的认识中就会趋向它，就会去实现它。对客体的外在化的处理，即我们将客体作为自然客体去认识时，如果我们仍然秉持对其认识的精细化和精密化要求，则最终需要处理为形式的关系时才能满足内在的认识需求，这同时也意味着只有变为形式上的关系后才能够被意识予以内在的准确把握。相应地予以考虑，也就存在着那些未能被精细化处理的客体，对于这些东西的认识，我们可以在效能上去把握它是否达到了我们的认识要求或实际需求，因为效能也可以成为形式，可以成为简单的或不太复杂的形式。对其进行形式上的精细化处理的要求，则留待以后再去完成，人们总不是一下子就把握形成效能的过程。

因此，保留非形式的意识客体概念，也就意味着同样也需要保留非形式化的自然客体概念，这两类对象虽暂且归于意识客体与自然客体，但实则要对其执行进一步的认识后才能再度归类。因此，我们的意识客体概念和自然客体概念也不是僵死的，同时也就意味着我们还要在明晰性的基础上宽松一下自然客体的概念，以为认识疆域的拓展留下余地。同样，在不同的认识需求和理论需求下，这两个概念也不应该是僵死的，而要在明晰化的处理后留出可扩展的余地。

对这两类不明晰的客体做进一步处理后，判定它究竟属于哪一类意识客体或自然客体是我们应做的工作。对于不明晰的那类自然客体而言，判定后，如果不属于已有的明晰的类型，则可以命名为全新的客体类，对此的研究就是一门全新的科学。历史上也曾有错判的情形，那是受到研究手段和认识角度限制，如天文学本来不属于物理学，天文学曾经被视为天的几何学，力学和光学被当作数学的分支，[1] 后来才被归到物理学之下，冶金术在化学学科观念成型后，才被归到化学名下。

五、自然客体与精神客体划分的谬误

意识客体在处理为明确的意识形式并包含或潜在地包含了其他类型的

---

① ［美］埃德温·阿瑟·伯特著，张卜天译：《近代物理科学的形而上学基础》，北京：商务印书馆，2018 年，第 31－33 页。

意识客体、且其他的意识客体缺乏直接的自然客体这样的对应物时，意识客体就是与自然客体相对应的类型，我们以这种划分方式就完成了对所有的客体类型的划分。但一些学者或许不这样认为，如按照胡塞尔关于自然世界与精神世界的思考，人们很可能倾向于将客体的类型划分为自然客体和精神客体。在马克思主义的思想著作中，我们还没有见到这样的划分。就我的思考和研究而言，我大致也会赞同这样的划分，因为这种划分方式也是一次性将客体的全部类型处理完毕。但是，经过进一步的思考，我认为这种划分存在含混之处，含混之处在于自然客体是清楚的，但精神客体并不是清楚的，虽套用前人的成果可以简便完成类型的划分，却无助于问题的推进。虽然在前文中对精神这一概念我们已经有了一些探讨，但这里基于客体的问题，我们还需要再思考一番。

对于精神客体的处理相对比较混乱，前人虽然没有这样的专门用词，但他们在将科学分为自然科学和精神科学时，如果说前者的研究对象是自然客体，那么后者的研究对象就可以称为精神客体。当其把精神作为研究对象以与作为研究对象的自然并置时，精神世界与自然世界一次性划分完毕，与之相对应地，现在的科学就可以分为两个种类，一个是自然科学，一个是精神科学。在这种做法中，精神客体是默认的存在。这样做虽也省事，却引出了不少问题。智慧却又无知的哲学家将精神处理为观念、道德、灵魂、心灵、意识、自我（ego）、人文性（humanity），这些概念在用法上历来多是混乱的，混乱是因为这些概念与他们各自对问题的明晰化途径有关，但无论如何，他们都是在尝试对精神这一概念予以明晰化的处理，这种动机没有错，实施这种理解并将对世界的科学研究予以二分的目的也没有错，问题在于这些理解引起了冲突和在认识上导致了进一步的不明晰，且缺少对不明晰的东西做进一步处理的意见。在此，我们没有必要对这些论述一一展开分析，指出其具体的矛盾所在，没有必要将精力花费在众说纷纭而又莫衷一是的见解上，因为在我看来，只要我们能够有一个清晰化的概念去填充它，然后在清晰之上留有余地，并在进一步的理解中保证清晰的条理，使以后的工作能够井井有条地开展下去，就不必再对这些见解评头论足，同时也因为我们还有更重要的工作要做，若非必要，清理旧址重修故宅肯定比择地新筑麻烦许多。但我同时也承认，正是对这些作品的漫漫阅读使我逐渐认清了问题的实质和努力的方向。

被哲学家们用来处理精神概念并使之明晰化的这些概念，都与人的行为有关，无论是意识行为还是其他行为，因此，我们暂且将精神客体划分为意识行为和非意识行为。但是，如果我们将意识行为处理为认识行为时，非意识的行为就成为自然客体，因为无意识则无行为，意识是行为的支配者。但需要知晓的是，有些行为虽然是无意识的，却既可以被视为精神客体而研究，也可以被视为自然客体而研究。继而还遇到的问题是：对意识行为我们虽然可以明晰地理解为意识的形式，但意识行为自身仍然有不明晰之处，这就在无形中形成了两个不明晰的东西，所以，用这种角度划分精神客体是不合适的。这就是我们为什么不采取意识行为与非意识行为划分的理由所在，它无法在这一条线路上满足精细化的认识需求，因为不明晰立即被遇到了，刚迈腿就遭到了"绊子"。因此，需要另寻方案。当我们将精神界定为与人的行为相关的东西时，人的行为是相对明确的，但我们同时需要注意到人的概念的双重性，一种是个体的人，一种是群体的人或社会的人，所以，我们将精神客体分为个体的行为和群体的行为（社会行为）。当然，在特定的研究中，人们也可以分为人的行为或神的行为，但这不是我们研究的对象。

当精神划分为个体的行为和群体的行为后，精神是作为这些行为现象的本体而存在的，它自身不是上述的任何一种行为，就像古代哲学家将灵魂视为行为的本体一样。从个体内部讲，相对而言，能够归于个体行为的有意识行为，是因为我们考虑到个体的其他行为与外在世界就地发生关系的直接性会强一些，而意识行为的这种直接性弱一些；从基于个体外部行为的人与人之间的关系讲，群体行为就是社会行为，个体的意识行为影响各自的外在行为，也就产生相互影响的行为。但同时，我们在个体内部也暂且保留个体的非意识行为作为研究的对象。可是我们遇到的新问题是，个体的外部行为与群体行为的关系如何界定，即哪些属于个体行为、哪些属于群体行为，这是不好界定的，因此，这种划分也带来了含混。这时候，有些理论工作者会采取这样的办法，即将个体外部行为单独设立为一个类，这样就形成三个类：个体内部行为、个体外部行为（既有个体成分也有群体成分）、群体行为（社会行为）。我把这种理论工作方案称为"补丁方案"，即其不是沿着明晰化的方式推进的，而是遇到漏洞就打补丁。因为这里的三个类别都是不清晰的，因此，就更难界定清楚。而我们的做法是至少首先要有一个清晰的东西，然后再围绕清晰的东西逐步界定。它也有不明晰的"漏洞"，但只有一个，而不是多个，对这个"漏洞"的清晰化处理就意味着认识的推进。而上述方案面临的是多个漏洞，因此推进工作是很难进行的，这种漏洞只会越补越多，因为一开始的方案本身就是一种漏洞。因为对精神缺乏有效的探察，所以将其理解为行为就会产生混乱，且行为本身就是一个含混的用词，它的含义太过宽泛以至于直接在表述系统化的认识时很难直接驾驭。因此，精神客体无法用行为进一步明晰化，且找不到更好的明晰化方式，所以，不赞成精神客体这一划分，过去的哲学家们在这方面显得混乱，理由就在于此。

不赞成精神客体的划分的另一原因在于：当精神作为行为的本体时，它并不能够被表象出来，因此它就不能成为真正的客体，因为我们抓不住它。就像物质一样，我们虽然可以将其理解为自然客体的质料，但并不能真正地表象出来。所以，在严格的说法中，我们研究的不是物质，而是自然客体，物质代表的是客观实在，被作为哲学范畴来看待。精神与物质不能够被有效地表象，但我们仍然会使用这两个词，以作为最终的研究目标，以表明我们对一种次级主宰和最终主宰的永不放弃的研究志向。我不是精神决定论者，但我的问题最终是：对于物质，精神能够做些什么？

综上所述，我不赞成自然客体与精神客体的二分，这样的做法于事无补。但是，在上述分析中出现的个体意识却可以作为一个类被考虑，只是它不是精神客体之下的类，而是基于意识客体而产生的明晰的类。由个体意识或认识导致的个体间的关系变化，会随着个体人数的增多而逐渐复杂，以至于达到一定数量后，这些关系无法基于基本的形式被计算出来，因为数据会十分庞大，但由此构成的群体关系中却必然出现需要解决的问题，如冲突、财富、战争、权利、羞感等。随着认识的多样化和复杂化及遭遇的不同，个体内部的认识和需求难以充分认清，更别说以形式化的方式处理清楚，这就需要一些"块状化"的处理方式，即在相互表现的共同现象中寻找新的要素予以形式化的处理。关于人类行为的这类研究，就是社会科学家们辛苦工作的领域。

第三节　主体的含义

主体概念与客体概念是不可分割的，这不仅取决于其语义在产生之初所蕴含的用法分化问题，也取决于对实际的认识结构的剖析和对人类的实践活动的总体剖析。正如马克思主义哲学家科普宁所认为的："主体和客体是类似本质和现象、内容和形式的相对应的范畴。如果谈到它们中的一个，而不说明同另一个的关系，那是不可能的。在这个意义上完全可以断定：没有无客体的主体，也没有无主体的客体。"① 国内关于认识论研究的著作，虽说法上有所不同，但大都坚持这样的看法。如陶德麟认为："客主之分，犹如彼己。知己知彼，其说乃周。不察主体而徒言客体，无异重蹈旧唯物主义之覆辙，执此而能得认识之实，未之有也。"② 即使上述研究

---

① ［苏］巴·瓦·科普宁著，马迅、章云译：《马克思主义认识论导论》，北京：求实出版社，1982 年，第 71 页。

② 陶德麟：《浅议"主体"》，《实践与真理：认识论研究》，北京：人民出版社，2017 年，第 175 页。

一开始分析的是客体概念，但从词源上阐释时也不得不并行地拉入对主体概念的分析以对立地解释客体概念。

基于上述研究和考虑，这里不再考察"主体"这个概念的词源，因为上文关于客体的探讨中已顺带这样做了，基于上面的词源追溯，主体的含义应该有三个方面，第四个方面是我直接根据经典的马克思主义认识论研究补充的：

第一，主体是相对于客体或认识对象而言的。

第二，主体是行为的发起者。

第三，主体是有意识的人。

第四，社会是认识的主体。

一、相对于客体的主体

第一个含义是主体在认识的整体结构中的含义，它是对认识活动予以整体划分后所产生的结构化的认识。如国内著名认识论研究学者夏甄陶所认为的："如果我们把一个具体的认识过程看作是一个表现为一定的活动和功能的动态结构的话，那么，主体和客体就是构成这个结构的两极，缺少其中的任何一极，都不可能构成认识的结构，不可能产生认识的活动和功能。"[①] 这样的解释表明的是认识的二元结构的产生基础。如果我们将认识活动或某一具体的认识活动，特别是关于自然客体的认识活动，视为一个整体的认识对象，且对这个整体的认识对象要执行进一步的认识的话，无非就是把其分割为不同的部分，那么，在最少的划分中，最好是分为两部分。继而，如果我们将认识的对象或客体作为一个部分，如果它自身并不能独立地带给我们认识，那么，必然还有另一个要素参与其中才能带给我们认识。基于这两点，我们在经验中必然会察觉到参与了认识过程的

---

① 夏甄陶：《认识论引论》，北京：人民出版社，1986年，第61页。

人，这时候，参与认识活动的人就成为认识活动的另一极被确立了。

这时候，我们实际上也是对这个结构的两部分进行了规定，一部分要素规定为客体，另一部分要素规定为主体，它们都有着具体的所指，并不是空洞的，如果后来有人把其作为空洞的对立形式用于更多问题的分析，那很有可能会犯错误。显然，科普宁并没有在这个基本的认识发生问题上犯糊涂，而是与我们有着同样的看法。科普宁说："具有不以意识为转移而存在的客观实在特性的对象，当它开始同主体相互作用时，就具有客体的性质，也只是在这个意义上，没有主体就没有客体，而没有客体也不可能有主体，因为只有当主体开始积极作用于自然界的对象，即客体时，主体才是可以理解的。"① 在这段话中，科普宁完全是从主客对立的模式来理解主体和客体相对的意义的。此外，从这段话可以看出科普宁使用了列宁对物质的经典定义来定义客观实在，但稍有不同的是，列宁所说的"意志"被替换为了"意识"，这个转换虽有悖于列宁的原意，但不影响对物质概念或客观实在基本含义的理解，可是，这个细微的转化基本可以说明科普宁实际上已经把主体理解为"有意识的人"了，这与他将认识的主体理解为社会是有差别的。这也说明，在科普宁的这一理解中，主体的含义是两个而非一个。

在以往的一些研究中，对主体概念存在误解，把主体理解为亚里士多德所说的命题的主词，这种理解在极其狭窄的含义上才是成立的，即在把作为主体的人理解为需要认识的客体时才是成立的，命题中的主词只能是客体，是研究对象，而不是主体。

二、主体是行为的发起者

第二个含义是基本含义，不能被消解掉，因为作为行为的发起者就应

---

① ［苏］巴·瓦·科普宁著，马迅、章云译：《马克思主义认识论导论》，北京：求实出版社，1982 年，第 73 页。

该成为行为之效果或责任的享有者或承担者。就认识活动而言，当我们确立一个认识对象后，必然也意味着有一个执行这一认识行为的发起者。在粗略的看法中，这个行为的发起者就是人。在这个意义上，也是将认识活动理解为认识行为而言的，就自然客体而言，我们倾向于使用"运动"这个词，就人而言，我们倾向于使用"活动"这个词，在将认识视为认识活动时，必然意味着人的行为的参与，这个参与者的角色就是行为的执行者或发起者。在认识活动中，主体是行为的发起者，在实践活动中，人（主体）就是行为的发起者。就行为的发起者而言，他（它）由于发起了行为，所以，可能会改变已有的自然秩序或其他秩序的平衡状态，因此，这个行为的发起者也被人们视为行为之责任的承担者。就行为的主体而言，如果它发起了有目的的行为，那么，它也被视为这个行为的效果或结果的享有者，且决定是否发起相应的行为。因此，为满足自身需求而投身于实践活动的人必然也被视为这一活动的效果的享有者。

这里，主体作为行为的发起者，包含三个含义：行为的决定者、行为效果的享有者、行为责任的承担者。前两个含义较为容易理解，都与自身的需求有关，无论是生活需求还是其他精神方面的需求。第三个含义人们可以从伦理方面入手，初步理解为道德责任或法律责任的主体都可以。

但第二、三个含义却有一个延伸，即从行为效果的享有者和责任承担者变为价值的承担者或主要承担者（包括负价值的承担），因为某种行为一旦是为了满足人的需求，就出现了价值的承担者，就是被人理解为处于重要地位的东西。这一含义我们会在马克思的论述中见到。马克思说："一种特殊的产品（商品）（物质）必须成为当作每一交换价值的属性而存在的货币的主体。体现这种象征的主体并不是无关紧要的，因为被体现者的条件——它的概念规定，它的一定的关系——中包含着对体现者的要求。因此，对于作为货币关系的主体，即货币关系的化身的贵金属的研究，决不是像蒲鲁东所认为的那样超出了政治经济学的范围，就像颜色和大理石的物理性质没有超出绘画和雕刻的范围一样。"① 在这里，贵金属作为一般等价物或货币，承担的是交易行为中的一些要求，而它之所以承担这些要求，不仅有其自身存在的客观因素，而且与人对它的认识、发现、价值观念的注入有关。发起交易行为并以贵金属作为货币，是认识发展的产物，贵金属自身由于其特殊性而部分加载了人们的信用，使之成为人们的信用的承担者，纸币则要更多地加载人们（包括发行者）的信用而承担价值属性。货币在交易行为中其实是人的社会行为责任转嫁的承担者之一。作为价值的承担者或行为效用的享有者这种类似的用法在马克思的论述中较为常见。

如果我们从亚里士多德的四因说来理解，则作为行为之发起者的主体就是动力因。但如果我们把这样的主体理解为法权意义上的主体，则价值享有和责任承担都不是单向度的，因为人还是社会关系中的人。

三、主体是具有意识的人

在对认识活动的自我思量和表述过程中，人们逐渐清楚地体会到执行认识功能的是人的意识，所以执行认识的实际主体就是有意识的人或人的意识功能，这就是第三个含义。这是在近代哲学史上就有的看法，也是通行的看法：主体在用词上就是具有知觉功能或认识功能的人。② 用我们现在的表达来说，主体就是具有意识的人。

作为较为深入地研究了马克思主义认识论的哲学家，科普宁的看法与我们是有差别的，他明确地指出："主体不是人的意识，而是人本身，甚至是人类，人类是不亚于自然界其他现象动物、植物、矿物等的客观实

---

① 《马克思恩格斯全集·第30卷》（第2版），北京：人民出版社，2009年，第124页。
② 夏甄陶：《认识论引论》，北京：人民出版社，1986年，第68-69页。

在。"① 我认为科普宁的这个观点是把两种不同领域的主体合并在一起了，他所说的这个主体不仅是认识领域的，也是实践领域的。这样理解并非全然不当，但概念在某个认识系统中只有相应的含义，而不再囊括其他系统中的含义，充分理解概念的含义是理解活动的需要而非构建理论认识的必要，人们不必从概念的多重含义出发构造理论系统，因为这是本末倒置的做法，含义在先，概念在后，所以，科普宁的这一做法不利于将认识活动的研究向精细化推进。况且，作为人类而言，认识能力具有共同的特征，但也具有一些差异，这些差异性的研究是无法直接获得的，在经验性的认识中，我们只能通过对众多个体认识经验的类型化研究、不同时期个体认识经验的类型化研究获得对人类认识活动的考察，如果主体只是作为人本身，就意味着这样的认识论研究是难以持续的，也是无法走下去的，因为人所具有的很多可能的表现及特质还没有获得清晰的表达和确定，将其含混地作为人而进行研究，就很有可能发生以偏概全的情形。再者，群体的认识经验必然包含着个体的认识经验及其传播因子，包含着个体的认识经验在别人那里的重新构建、认同、沟通机制，如果个体的认识经验无法在局部范围内获得精细化的研究和推进，主体只是被抽象为人本身，那么，我们就很难构建起关于群体认知或人类认知的分析性理论，甚至不可能形成这种理论。因此，科普宁这里所说的主体，是改造世界的主体，而非认识功能的主体。

尽管我们可以通过整体的考察获得人类认识活动的一般特征，如将主体与客体的二元结构视为其一般特征，但是，如果要予以细致化的推进，还得考虑具体的认知情形和认识发生情形，从全体到细微，再从细微到全体，以获得一种能够统一起来的解释。因此我坚持认为，就个体的认识活动而言，主体就是人的意识，或主体是具有意识的人。在实践领域内，就

---

① ［苏］巴·瓦·科普宁著，马迅、章云译：《马克思主义认识论导论》，北京：求实出版社，1982 年，第 73 页。

社会的整体变化和一般规律而言，个体的人的认识对社会的促进作用固然重要，但也需要个体的相互协作、整体的认识推进、愿望和看法的一致才能从根本上推进社会变革。在这个意义上，保留社会主体作为实践活动的能动要素是必要的，这有助于我们更为全面地思考社会历史的变化、发展问题。但我坚持认为"认识的主体是具有意识的人"这一观点，并不是要删除"主体作为社会"这项含义，而是强调在不同问题的处理过程中及时转换思考对象以满足我们相应的理论需求。

就人类认识的整体历史而言，社会的人或社会仍然是认识活动的主体，由此我们才有必要将信息交换、文化传播这些活动作为专门的研究对象，以从社会整体考虑认识如何发展的问题。但在这里将具有意识的个体的人作为主体，目的在于先研究个人的认识，然后再研究群体认识，以最终形成能够被大家接受的有效解释。

就概念而言，主体和客体都有具体所指，它们各自的所指就是关于它们的认识，对这种所指的彻底考察需要进行现象学还原，通过还原，进入产生它们的情形中，这既包括二者所指的具体东西，也包括二者的概念在意识中的起源。如果我们脱离了基本的发生情形，脱离了它们的所指而把这两个东西作为"对象"进行研究，我们就不能通过个别的客体研究或对客体概念的研究获得所有客体的意义，也不可能通过对规定的"主体"的研究而获得主体的所有意义，这等于舍弃了"本"，脱离了基础，我们实质上研究的是两个虚假的"客体"。对虚假的"客体"的研究只能是还原的，它是认识论研究可以真正考察的对象。作为概念，它不是必然具有何种意义，而是在具体的认识中具有某种意义。在意识的起初规定中，它们仍然是作为最基本的认识结构而言的，就是一种认识模型，用这种认识模型加上对认识活动的分析，各自就获得了具体的意义。意识的这种做法就是意识功能的体现，相应地，承担这种功能的人就是有意识的人，也成为与外在的其他客观对象相对应的主体。

将人作为认识的主体，还要避免这样的混乱，就是人既有物质属性，也有精神方面的表现，他不仅是可以被研究的自然客体，也是进行认识活动的主体，这两个方面需要在不同的认识过程中区分清楚。这在马克思的论述中也有相关的表述。马克思说："人直接地是自然存在物。人作为自然存在物，而且作为有生命的自然存在物，一方面具有自然力、生命力，是能动的自然存在物；这些力量作为天赋和才能、作为欲望存在于人身上；另一方面，人作为自然的、肉体的、感性的、对象性的存在物，同动植物一样，是受动的、受制约的和受限制的存在物，也就是说，他的欲望的对象是作为不依赖于他的对象而存在于他之外的；但是，这些对象是他的需要的对象；是表现和确证他的本质力量所不可缺少的、重要的对象。"① 这一方面论述了人的精神存在方面，即主动性的方面，另一方面论述了其被动性的方面，即自然客体的方面。在这个意义上，我们也可以把主体与能动、客体与被动联系起来谈论。之所以会产生这种情况，是因为物质（自然）与精神既用来划分整个世界，也是一种认识尺度，在作为认识尺度而言时，每一自然客体总是潜在地与精神对立而言，是精神的认识对象和作用对象。

四、社会是认识的主体

社会是认识的主体，这个观点是由科普宁提出来的，科普宁认为："社会作为主体只能存在于加入一定社会关系中，并具有一定生产工具和生产资料的单个人的活动中；单独的个体只有当它们是社会化的人类，组织于具有自己经济结构等的社会中时，才能成为人。"② 也有人持相似的看

① ［德］马克思著，中共中央马克思恩格斯列宁斯大林著作编译局编译：《1844 年经济学哲学手稿》，北京：人民出版社，2018 年，第 103 页。
② ［苏］巴·瓦·科普宁著，马迅、章云译：《马克思主义认识论导论》，北京：求实出版社，1982 年，第 68 页。

法。① 这样的观点是基于"主体是人"的基础上提出来的。由于马克思认为人是社会的人或社会关系中的人，所以，人是认识的主体就变为社会是认识的主体。相应地，这里所说的认识，也就成了整个社会的认识，而非某一个人的认识。科普宁的这一认识就社会历史和社会实践而言是相对可取的，对于推进具体的认识论研究而言未必有效，因为精细化的研究需要切中具体的影响事物发生的许多要素，只是从整体上看待问题，可以避免以偏概全、犯极端化的错误，这是系统化的研究必须注意的，但真正要推进研究，也得兼顾细节的考察和关键要素的捕捉。

马克思在《〈黑格尔法哲学批判〉导言》中提出："人就是人的世界，就是国家、社会。"② 这就等于是说人就是人的社会。在《1844 年经济学哲学手稿》中，马克思说："甚至当我从事科学之类的活动，即从事一种我只是在很少情况下才能同别人直接联系的活动的时候，我也是社会的，因为我是作为人活动的。不仅我的活动所需的材料——甚至思想家用来进行活动的语言——是作为社会的产品给予我的，而且我本身的存在就是社会的活动；因此，我从自身所做出的东西，是我从自身为社会做出的，并且意识到我自己是社会存在物。"③ 我认为，马克思的这个论断是在社会整体认识和社会历史的层面而言的，在这种意义上，社会实践、科学实践活动的主体必然是具有社会性的人，而不是单个人，因为这当中牵扯到知识的相互传递和生产的协作问题，涉及具体的人的实际生存处境问题，因此，人必然是社会的存在物，必然是社会关系中的人。在这个意义上，社会历史变迁的主体和社会实践的主体力量必然是社会或作为社会存在物的人。

---

① 肖前：《马克思主义认识论研究与我国社会主义现代化建设》，肖前主编：《马克思主义认识论研究与我国社会主义现代化建设》，北京：中国人民大学出版社，1986 年，第 17 页。

② 《马克思恩格斯文集》（第 1 卷），北京：人民出版社，2009 年，第 3 页。

③ ［德］马克思著，中共中央马克思恩格斯列宁斯大林著作编译局编译：《1844 年经济学哲学手稿》，北京：人民出版社，2018 年，第 80 页。

第四节　实在的与虚化的主体

我们从具体的认识活动中看到了主体与客体的存在，这个认识对于认识活动的内在结构研究而言是重要的推进，但是，认识的主客二元结构还可以继续推进。当我们把研究对象作为客体时，立足于主客二元结构就意味着任何一个研究对象都会有一个主体。当我们研究自然客体时，意识行为及意识的形式是主体，因为它们是认识的具体的发起者，但是，当我们把意识行为及意识的形式作为研究对象时，这时的主体就成为虚化的了，我们找不到这样一个与客体对立的主体存在物。如果我们在对意识客体的研究中非要找出一个主体，那么这个主体就是虚设的主体，因为它没有实在的可以被表象的对应物。由此，就会出现两种主体的对立：虚设的主体与实在的主体的对立。后者无论是作为具体的人、社会，还是作为人的意识行为、意识形式，都是可以被表象的，而前者是无法形成表象的，所以，它是虚设的主体。

以上我们是在"能够被表象"这一含义上来理解实在概念的，如果我们在"自然客体被表象"这样的含义上理解实在，那么，实在的客体就只有自然客体，意识客体由于它无法像自然客体那样被表象，它就是虚设的客体，它只有观念中的一致性而没有自然客体的那种一致性，而自然客体在同样的条件下可以被表象为一样的，即经验的一致性，它是有差别的一致性，因为它是在观念中的一致性的助力下形成的。这两种实在都以表象存在，但被表象的东西在本质上是有差别的，一个有外在的自然客体，一个没有。没有对应自然客体的实在就是虚设的客体，这是意识的构成物，对它的研究只能进行还原，就是对其产生过程的还原。还原后，我们在意识的内在直观中就可以看到它，这也就意味着我们进入了现象学的意识研究。

如果有人非要以虚设的主体作为研究对象，将其作为自己的客体、作为自己的主体，那么，这就只能形成危险的谬论，只能是欺骗人的东西。欺骗就是内容无法被逐一严格地表象出来。每一客体都有一个主体，但这个逻辑不能层层传递。主客二元的结构源自笛卡尔的心物二元论，心灵能够自足地获得对事物的认识，这是心物二元论要解释的问题，理论目的在于摆脱神学对认识的最终根据的解释，当心灵在认识过程中获得了对"物"的清楚明白的认识时，本身就意味着认识目标实现了。当对认识过程的追溯进行到意识中的形式时，心物二元论的任务早已经完成了，在新的探索领域内应该交由新的探索方法来完成接下来的任务。

这实质上预示着主客二分的认识论走到了尽头，它的应用范围超出它的适用范围后便是无效的。因此，"主客二元"的认识论结构必须被突破，最终走向"表象一元论"的认识论，才能避免这样的矛盾，即以"表象"为核心，在向上的方向上，在表象基础上研究判断的形成过程，在向下的方向上，研究形成表象的过程，并最终将认识论推向更深层的研究。

把认识活动划分为主体与客体两部分，并不意味着主体与客体就是截然分开的，这只是为了细致地推进认识、找出认识活动中的关键因而采取的认识手段，通过划分和逐步探索，最终是为了找到我们认识活动中的核心要素或关键要素，在这个基础上重建认识的大厦，解释认识的整个形成过程。方法是为了实现目的而出现的，一旦找到了关键因，手段就不再是我们的目的，尽管在未有获得手段时寻找方法就是目的。在此，我借用维特根斯坦的比喻来表达方法在认识过程中的作用或许更为形象："在登上梯子之后，他必须将梯子弃置一边。"①

---

①　［英］维特根斯坦：《逻辑哲学论》，韩林合编译：《维特根斯坦文集》（第2卷），北京：商务印书馆，2019年，第110页。

第六章　实践与认识

本章探讨两个重要概念：实践和认识，还涉及了与此相关的反映与构造问题。在马克思主义认识论思想中，认识是由物质到精神，再由精神到物质，由实践到认识，再由认识到实践的循环反复的过程。由此来看，认识与实践虽有所区别，但也密不可分。对认识与实践的区分是为了清晰明了地论述马克思主义认识论的整体结构，并试图建立内在结构和外在结构的关系。人们虽然都在熟练使用这两个词语，但在具体认识结构中，它们的含义与我们通常所设想的含义并不一样。

第一节　实践的含义

在现代汉语中，实践就是指实实在在的行动，以及人类的实践活动。在经典的教科书中，则认为："实践是人类生存和发展的最基本的活动，是人类社会生活的本质，是人的认识产生和发展的基础，也是真理与价值统一的基础。"[①] 这样的实践已经成为一种客观实在了。对于这个术语，从事科学研究和社会工作的人们无须加以解释就可使用。但在我的理解中，当它作为重要术语在理论系统中出现时，必然有与之对应的概念，必然包含具体的内容，这是需要探明的问题。

---

① 本书编写组：《马克思主义基本原理》（2021 年版），北京：高等教育出版社，2021 年，第 62 页。

一、实践作为理论的对立概念

在马克思本人的论述中，实践与理论是相对应的概念。我们可以从其相关论述中看到这种用法。

马克思在《论犹太人问题》中说："实际需要的宗教，按其本质来说不可能在理论上完成，而是只能在实践中完成，因为实践才是它的真理。"① 这里，"不可能"与"只能"之间的对立，恰恰表明的是"理论"与"实践"之间的对立。再者，实际需要就是实践中的实际需要，所以，实践包含着实际需要，满足这些实际的需要可以是宗教，也可以是科学、认识等。

与此相应，马克思在表述中还有"理论价值"与"实践价值"的对应。马克思说："我们乐于承认，只有通过对贸易自由的论证和阐述，我们才有可能超越私有制的经济学，然而我们同时也应该有权指出，这种贸易自由并没有任何理论价值和实践价值。"② 在这里的论述中，价值不仅有理论方面的，还有实践方面的，这理应是在表明两种不同的价值。同样，理论要求和实践要求之间也是相区别的。马克思说："现在让我们完全站在国民经济学家的立场上，并且效仿他把工人的理论要求和实践要求比较一下。"③

马克思还表明了理论与实践的符合关系。马克思说："任何一个商人，只要他说实话，他就会证明实践是符合这个理论的。"④ 这里的"符合"，即是指实际的情况与理论上对它的构想是一致的。

在马克思那里，实践与哲学是相区别的。马克思说："18 世纪是人类从基督教造成的那种分裂涣散的状态中联合起来、聚集起来的世纪，这是

---

① 《马克思恩格斯文集》（第 1 卷），北京：人民出版社，2009 年，第 53 页。
② 《马克思恩格斯文集》（第 1 卷），北京：人民出版社，2009 年，第 58 页。
③ 《马克思恩格斯文集》（第 1 卷），北京：人民出版社，2009 年，第 122 页。
④ 《马克思恩格斯文集》（第 1 卷），北京：人民出版社，2009 年，第 61 页。

人类在走上自我认识和自我解放道路之前所走的一步，可是正因为它是这样的一步，所以它仍然是片面的，还陷于矛盾之中。18 世纪综合了过去历史上一直是零散地、偶然地出现的成果，并且揭示了它们的必然性和它们的内在联系。无数杂乱的认识资料经过整理、筛选，彼此有了因果联系；知识变成科学，各门科学都接近于完成，即一方面和哲学，另一方面和实践结合了起来。"① 在马克思的这段论述中，认识从零散化到集中化的过程，就是知识变为科学的过程，在科学获得完成的过程中，要么是和哲学结合起来，即在理论上获得系统化的论证和构想，要么是和实际情况或实际需求结合起来，即能够以特定的方式满足实际需求，或能够解释实际发生的情形。在这个表述中，哲学突出的是系统化的理论论证和构想，实践意味着实际需求和实际情况方面的东西。

在马克思那里，不仅哲学与实践之间是有区别的，而且，科学、哲学、实践三者之间也是有区别的。马克思说："我在前面已经说过，各门科学在 18 世纪已经具有自己的科学形式，因此它们终于一方面和哲学，另一方面和实践结合起来了。科学和哲学结合的结果就是唯物主义（牛顿的学说和洛克的学说同样是唯物主义的前提）、启蒙运动和法国的政治革命。科学和实践结合的结果就是英国的社会革命。"② 这里，科学的含义是具有因果联系的认识，因此，当这种因果联系的认识出现在哲学中时，产生的就是现实、理智、顶层秩序方面的影响，与实际需求结合时，产生的就是社会行为层面或整体的社会关系的影响。因此，哲学的含义是与现实、理智、顶层秩序相关的，实践的含义是与社会行为及其需求的实现相关的。

马克思的著述中还有多处以上述方式使用实践概念，但我们列举这些足以说明实践概念在马克思的论述中的具体用法，因为思考的统一性必然

① 《马克思恩格斯文集》（第 1 卷），北京：人民出版社，2009 年，第 87 - 88 页。
② 《马克思恩格斯文集》（第 1 卷），北京：人民出版社，2009 年，第 97 页。

要求概念用法的统一性，必然需要维护单个的或少数的含义的一致性。我认为，从狭义上来说，在马克思的这些表述中，实践是与理论相对应的概念，表示的是实际的需求、实际的情况，或与之相关的实践行为，科学与哲学在这个意义上也是与之相对应的，因为它们也都是以理论形态呈现的。

二、实践作为认识的对立概念

如果我们仅仅满足于上述的理解，即实践是与理论相对立的概念，还不能真正推进我们这里的认识论研究。

我们时常以理论和意见相对立，以使带有系统化特征的认识与不具有系统化特征的认识相区别；我们也时常以科学和常识相对立，以使系统化的认识与人们应熟知的合理性认识相对立。因此，如果我们将理论运用于实践以查看理论的适用性或合理性时，那么，意见、科学、常识其实都可以运用于实践，以查看这些东西在实践中的适用性或合理性，且由于这些东西都属于认识，在我们将认识作为这几者的总概念时，我们完全可以说，将认识运用于实践以查看认识在实践中的适用性或合理性是合适的表述。在这种思考方式中，我们也完全可以将认识作为与实践相对立的概念。

但这一区分会立即引来人们的反对意见。一些人认为实践应该是包含认识的，没有认识就无法实践，实践中带着认识，所以实践无法与认识相对立。但我们也可以看到，认识包含着实践中的需求，包含着实践中的体验和再观察，包含着对实践中遇到的情形的处理方式，所以认识也是无法和实践相对立的，它们是一体的。这两种看法都有一半是正确的，不合适之处在于没有看到对立和统一是相互伴随的，有对立必然意味着相互处于统一体中，这样才能构成实质上的对立关系，有统一必然也意味着对立的存在，因为统一是各部分之间的统一或双方之间的统一。当我们强调对立时，是为了特定的认识需求而这样做的，目的是去认识处于统一平面内的两部分之间的相互关系及各自的具体情形；而当我们强调统一时，不是只看到它们的统一性，而是要从对立面的认识中获得自己这一面的认识，彼此交替认识，相互挖掘其具体的要素和认识，看到其对立中的统一性，才是彻底地认识到了统一性，否则就只是获得了一个关于其统一性的空壳。

从实际的认识活动情形来看，由于认识必然也包含了人的感性活动，人在认识过程中的体验、观察实则也包含着很多感性活动的要素，而这些感性要素也是在实践中获得的，所以，实践与认识不是截然对立的，而是彼此包含的。马克思也认为实践是感性的、现实的活动，在他的《关于费尔巴哈的提纲》中，就鲜明地体现了这一看法。马克思说："从前的一切唯物主义（包括费尔巴哈的唯物主义）的主要缺点是：对对象、现实、感性，只是从客体的或者直观的形式去理解，而不是把它们当作感性的人的活动，当作实践去理解，不是从主体方面去理解。"① 这段话的意思是说，感性的人的活动就是实践，这也是主体的活动，对象、现实、感性，都是实践的东西或实践中的东西，认识就是主体的实践活动，而不只是客体的直接呈现。在这个意义上，认识与实践是相统一的。

在这样的思考中我们完全承认这样的看法，然而为了推进认识而进行细致的分析时，不仅要看到二者本为一体的关系，更需要对作为整体的东西进行剖析、分化，以制造对立的方式尝试推进认识。因此，人们为了推进认识需要制造某种对立，从而形成具体的被认识部件之间区分，而不只是维护一个不能继续推进认识而只能承担对谬误具有勘察功能的结论。因此，我们在对认识活动的细致化推进中需要这种对立，以尝试获得对问题的更精密的解释。我们需要区分的是，在何种情况下需要从统一的层面去理解问题，在何种情况下需要从对立的层面去理解问题。

---

① 《马克思恩格斯文集》（第1卷），北京：人民出版社，2009年，第499页。

三、作为生活的实践

实践与生活的含义是相互补充的。因为人表现为意愿、需求、认识等行为的存在者，实践又是人的实践活动，所以，实践意味着人们的某种行为类型，意味着与客体不断地碰触。而生活突出的是人们的现实需求、行为关系，包含着人们的生活体验等行为，因为生活是诸种需求的体现。在这个理解中，二者之间的含义应该是互补的。我们可以从列宁的著名论断中看到这一层含义。

列宁说："生活、实践的观点，应该是认识论的首要的和基本的观点。这种观点必然会导致唯物主义，而把教授的经院哲学的无数臆说一脚踢开。当然，在这里不要忘记：实践标准实质上决不能完全地证实或驳倒人类的任何表象。这个标准也是这样的'不确定'，以便不让人的知识变成'绝对'，同时它又是这样的确定，以便同唯心主义和不可知论的一切变种进行无情的斗争。如果我们的实践所证实的是唯一的、最终的、客观的真理，那么，因此就得承认：坚持唯物主义观点的科学的道路是走向这种真理的唯一的道路。"①

这一论述不只包含着我们此处的研究所需要的含义，也包含着其他含义。针对这一论述，黄楠森认为："从上下文来看，列宁指的是主张以生活、实践作为检验认识的真理性的标准的观点，这一观点包含承认认识是实践的产物、从属于实践、以实践为其存在和发展的基础，因而成为认识论的首先的基本的观点。"② 但是，我认为，我们从列宁的这段论述中看不到"实践是认识的存在基础"这一含义，但"实践是认识发展的基础"这一含义是可以看到的。认识是实践的产物，在这样的理解中才是成立的：如果我们以生活的含义补充实践的含义，坚持生活的就是实践的，实

---

① ［苏］列宁：《唯物主义和经验批判主义》，北京：人民出版社，2015 年，第 141 页。
② 黄楠森：《关于主体性和实践的几个问题》，《北京大学学报》（哲学社会科学版）1992 年第 1 期，第 17 页。

践的就是生活的，那么，认识的确是实践的产物，是从属于实践的。在这个理解基础上，我们才可以充分理解实践是检验真理的标准这一论断。但是，认识的产生不是用实践就能笼统解释的，它还有许多特定的因素，如物质的构成、观念的产生等。另外，在列宁的论述中，突出实践和生活是为了强调认识的产生所必须依赖的现实层面的东西，而只有在生活和实践中，我们才能充分体会和碰触到这些现实的东西，而不是将认识建立在臆想之上，现实的东西就是唯物主义要重点考虑的东西，否则，认识就成了经院哲学的臆想。有了现实的支撑，人的认识才能更好地服务于生活需求和实践需求。

除此之外，我认为这段论述还包含着这三个方面的含义：首先，生活和实践是并行的东西或含义相通的东西，生活就意味着实践，实践就是生活，因为它们作为认识的基础，应该是同质的或相通的东西，它们二者之间的含义在这种用法中，如果不是相同的，就是互补的；其次，唯物主义与经院哲学是对立的，它坚持从实践和生活出发，因此，它是以发展的眼光来看待认识的，而不是像唯心主义和不可知论那样，将对世界的认识看作僵死的或固定不变的；最后，坚持实践的观点是认识论的首要观点，这才是真正的科学的道路所应该秉持的，因为实践意味着我们的构想与遇到的情形可能会存在不一致，意味着现实中存在着变化，因此也需要以发展的眼光看待认识，而现实中的自然科学的认识也是这样的，它不是预设了世界的形式结构，也不是预设了世界的不可知，对世界的认识也不是只靠逻辑论证及设想就能完成的，而是要在实践中不断去巡查变化、不断去重新发现、不断去验证构想，才能不断获得认识和推进认识。我们从列宁的这段论述中只能推出认识论的一些原则，而不能推出认识论的所有原则。

基于上述理解，当我们将认识与实践对立起来理解认识活动的结构时，认识不仅包含着科学、理论、哲学、思想，还包含着人们的常识和体验，实践则不仅是指与认识行为相对应的人的行为，还包含着"生活"这个含义。当我们说"生活的"时，就包含着"实践的"，反之亦然。

基于对实践概念的以上三个方面的理解，我认为，实践概念是与理论、认识相对立的概念，实践这一概念也是人为地包含生活概念的实践概念，以用来补充其在表述时含义倾向的不足，并逐渐包含了生活概念。如果我们将生活作为认识的基础，那么，实践自然就是认识的基础；如果我们认为生活包含了认识，那么，实践自然就包含了认识；在认识的系统化建构中，为了简化结构，需要这样去做。但在我们对认识活动的细致化推进中，我们需要将认识、生活、实践独立起来考虑其各自的区别，而不是混为一谈，然后再去整理、归并它们在整体上的关系。

第二节　认识的含义

在分析实践概念的过程中，我们已初步谈到了认识概念，认识是包含科学、理论、哲学、思想、常识和体验的概念。当我们从实践与认识的对立出发来理解认识概念时，就是要基于实践概念对应地处理认识概念。

一、认识作为行为类型

前面我们在实践的第三个含义中已经提到了实践和认识作为行为类型的论断，但并没有对这一论断进行必要的论述，因为当我们在对立的情形中考虑问题时，对这一论断的论述需要与对"认识作为行为类型"的论述结合在一起。

我们不仅在谈论科学、理论，还在默许的意义上谈论与之相关的科学行为和理论行为。这两个行为都属于人的活动，且人的活动是由人的诸多行为构成的，所以，可以将这两个行为视为人的行为中的一种类型。由于科学和理论都是认识，所以，科学行为和理论行为也都是认识行为，继而，认识就可以被视为人的一种行为类型。

理论和实践的对立，认识与实践的对立，都是在同一平面内谈论的。同一平面意味着有同质的结构。因此，如果理论和理论行为互为一体，那么，实践和实践行为也应该互为一体。据此而言，认识和认识行为也是互为一体的。因此，由认识与实践之间的对立，我们也会想到认识行为与实践行为之间的对立。在这一构想后，由于认识行为已经作为一种行为类型，所以，实践行为就有理由成为另一种行为类型。实践作为行为类型，也可以在这样的意义上来理解：当我们认为实践就是生活的实践，实践与生活的含义有相同之处时，由于生活就意味着人的行为的展开，那么，实践自然也就是人的行为的展开，因此，实践就是一种行为。

从另一方面也可以推导出"认识作为行为类型"这一论断。我们经常讨论认识与意识的关系，没有意识就不会有认识，而认识是一个较为宽泛的概念，意识与之相比则稍为具体，它是人脑的机能，是意识活动，也是意识行为，所以，与之同脉络的认识从这个角度也可以被理解为认识行为或认识活动。

基于上述讨论，我认为，从行为层面理解认识与实践是合适的。将认识理解为行为类型后，就可以进一步从行为层面去研究它。

二、一阶行为与二阶行为

在这里我们也遇到一个难题，由于认识行为无法脱离具体的实践行为而存在，实践行为也是如此，那为什么还要做这样的划分呢？划分之后有助于推进认识论研究吗？回答是肯定的。在我们的用词中，同时使用的概念还有认识活动和实践活动，它们虽互不分离但各有侧重，认识活动这一表达更多地引向认识结果，基于此，实践活动是基于认识结果的验证、应用过程，认识的成果是进一步实践的前提。如果将实践作为人基本的存在方式，那么，实践中还包括认识体验活动，这即意味着实践是认识的基础。

在这样的分析中，我们总是从整体上谈论认识和实践，而没有从具体的层面去谈论，这就导致了难题的存在，即它们之间互为前提或基础。但只要我们从整体的层面回复到具体的层面，明白其具体的含义，那么，这里的矛盾就迎刃而解了。在具体的层面，某一个具体的认识结果或认识上的构想是相应的实践行为的前提，否则我们拿什么去实践呢？然而，如果将实践作为人的生存方式去理解，那么实践是认识的基础，因为人一开始就处于实践活动中，在这种存在方式中碰触客体、获得体验、获得对世界的感官表象，然后基于这些表象逐级形成复杂化的认识，或基于新的感官表象或体验增补、完善已有的认识，在这个意义上，实践理应是认识的基础。如果在实践中产生了新的体验，基于这些体验而提出了新的目标或更高的目标，提出了更高的理论需求，那么，在这种情况下，实践也是认识的前提。

由于使用"互为前提和基础"的表述有可能使人不能充分理解我们在这里所做的区分，所以，我们采用一阶行为与二阶行为的区分来重新表述，以方便理解：

如果认识是一阶行为，那么，实践就是二阶行为。

如果实践是一阶行为，那么，认识就是二阶行为。

同时，需要补充说明的是：二阶行为基于一阶行为，实践作为一阶行为时，它指人的生存方式、人的生活。

第三节　实践活动与认识活动作为平行概念

认识与实践、认识行为与实践行为、认识活动与实践活动这些概念之间是否具有从属或等义关系也是需要考虑的问题。

在马克思和恩格斯的论述中，我们没有查到"实践行为"和"认识行为"这样的用词，"认识活动"这一用词也是没有见到的，但"实践活动"这一用词是可以见到的。马克思在《关于费尔巴哈的提纲》中说："直观的唯物主义，即不是把感性理解为实践活动的唯物主义，至多也只能达到对单个人和市民社会的直观。"① 这里的实践活动，不是单指个人的实践活动，它也指人类的实践活动，所以，实践活动具有的是人的类存在中的意义。

在《德意志意识形态》中，马克思和恩格斯有这样的论述："在思辨终止的地方，在现实生活面前，正是描述人们实践活动和实际发展过程的真正的实证科学开始的地方。关于意识的空话将终止，它们一定会被真正的知识所代替。对现实的描述会使独立的哲学失去生存环境，能够取而代之的充其量不过是从对人类历史发展的考察中抽象出来的最一般的结果的概括。这些抽象本身离开了现实的历史就没有任何价值。它们只能对整理历史资料提供某些方便，指出历史资料的各个层次的顺序。但是这些抽象与哲学不同，它们绝不提供可以适用于各个历史时代的药方或公式。相反，只是在人们着手考察和整理资料——不管是有关过去时代的还是有关当代的资料——的时候，在实际阐述资料的时候，困难才开始出现。这些困难的排除受到种种前提的制约，这些前提在这里是根本不可能提供出来的，而只能从对每个时代的个人的现实生活过程和活动的研究中产生。"② 在这段论述中，实践活动是与现实生活、人们的实际发展过程、真正的知识相一致的概念，是与思辨、意识的空话相对立的概念，对实践活动的研究就是对"现实生活过程和活动的研究"。在这个意义上，实践的东西也就是前面列宁所说的与经院哲学的臆想相对立的东西。

恩格斯在 1883 年 3 月 14 日致威廉·李卜克内西（W. Liebknecht，

---

① 《马克思恩格斯文集》（第 1 卷），北京：人民出版社，2009 年，第 502 页。
② 《马克思恩格斯文集》（第 1 卷），北京：人民出版社，2009 年，第 526 页。

1826—1900）的信中说："虽然今天晚上我看到他仰卧在床上，面孔已经僵硬，但是我仍然不能想象，这个天才的头脑不再用他那强有力的思想来哺育新旧大陆的无产阶级运动了。我们之所以有今天的一切，都应当归功于他，现代运动当前所取得的一切成就，都应归功于他的理论活动和实践活动，没有他，我们至今还会在黑暗中徘徊。"① 在这一表述中，恩格斯也对理论活动与实践活动这两个概念做了区分。

综上所述，马克思和恩格斯虽然在自己的论述中没有"认识行为"和"实践行为"这样的用词，但有"理论活动"与"实践活动"这两个用词。对于实践和认识这两个概念，在他们的论述中则是常见的，认识指的是动词意义上的认识和名词意义上的认识。但在我们的区分中出现的"认识行为"和"实践行为"这样的用词，并不与马克思和恩格斯的论述相冲突。由于它们之间的含义具有相通性，为了更细致地辨析问题，我们对这三组概念予以进一步的区分。

首先，活动就意味着人的活动，它必然也是人的行为的作用体现，所以，实践活动必然是由实践行为作用的。但人自身还有其他行为，如生理行为、心理行为，这些都是分门别类的自然科学研究的对象，把它们纳入实践行为的研究中是没有必要的，因为它们已经有了明确的归属，实践行为的含义理应与此不同。如果参照马克思将实践活动理解为人类的实践活动，那么，这样的实践活动与社会整体的构成发展是一致的概念。因此，我们将实践活动作为总概念，以便在以后的研究中将更多的行为研究纳入进来作为研究对象，如社会学的对象、经济学的对象、政治学的对象等。但没有认识行为的实践活动是不存在的，所以，这样的实践活动中同时也包含着认识行为。

其次，如果说认识活动包含着实践中的需求，它意味着认识是为实践服务的，所以，这样的认识活动也关系到实践行为。我们也可以将认识活

---

① 《马克思恩格斯文集》（第 10 卷），北京：人民出版社，2009 年，第 502 页。

动作为总的概念，以使更多的关于实践行为的认识纳入认识活动的研究中来，以发现不同的认识类型和满足不同需求的认识类型。这样就产生了一个冲突，即我们同时出现了两个互有交叉的概念，原则上我们只保留一个总概念就可以了。但是，这里同时保留它们，将其作为平行概念，是为了将不同侧重点的研究对象纳入不同的研究范围以便于专门研究的展开，当然，这种"纳入"只是归类的需要，实际上是无法截然与其相对立的东西分离开的。因此，妥善的做法是，我们在认识活动的研究中侧重于对认识行为的研究，在实践活动的研究中侧重于对实践行为的研究，在这之中，认识行为和实践行为都与其相应的具体的行为有关，而不是一个凭空的概念，这时候，不能列于实践活动研究中的心理行为和意识行为就可能成为认识行为研究中的相关对象。

再次，认识与实践仍然作为独立的用词，保留其原来的含义，也作为形成理论的构词部件而使用。当认识活动侧重于对认识行为的研究时，这样的研究就是认识论，当实践活动侧重于实践行为的研究时，这样的研究就是社会科学或人类历史的科学。因此，当我们再度说"实践是认识的基础"时，含义上是有具体所指的，它是就体验、需求或目的的建立、观察、感触、理论的验证等层面的东西对认识的产生和推进方面的作用而言的，而不是说关于实践的科学是对认识的科学研究的基础。

最后，我们需要考虑的是认识活动与实践活动的研究重心问题。如果关于认识行为的研究作为认识论研究的重点，那么，对实践行为的研究相应地也就成了对实践活动的研究的重点。但是，对实践活动中的实践行为的研究不再专门研究认识、认识行为之间的关系，只要考虑其学说的认识和认识行为对实践行为的影响就可以了，否则，每一门具体的关于实践研究的科学都需要把认识论作为研究科目，这会消耗精力，它们需要考虑的是其学说的认识论上的前提，或吸收认识论的最终成果，主要内容应该在于研究实践行为作用的结果，以及根据既定的目标研究如何去组织实践行为的问题。相应地，对认识活动中的实践行为的研究也只是讨论认识或认识行为对实践行为的影响，或讨论认识或认识行为作用下的实践行为，以及某些类型的实践行为对认识行为的影响。这样，我们就将关于认识论的科学和关于实践活动的科学区分开来了。

第四节　认识行为与实践行为的构成

我们一开始就将认识论定义为对认识活动的科学研究或哲学研究，因此，在这里的讨论中我们主要研究的对象是认识活动，而不是实践活动。但在对认识活动的研究中，认识行为是研究的重心，实践行为是从属的，所以在这里对认识行为的讨论应先于实践行为。

一、表象与构造：认识行为中的两种意识功能

对于认识行为而言，最为主要的是意识行为。如夏甄陶先生就认为："认识就是主体以意识、观念的形式掌握客体的过程。"① 如果没有意识，就无法形成认识，因此，意识就是我们研究的具体对象。研究认识的形成过程，就需要研究意识中认识是如何形成的。

在认识自然客体或自然界中的事物时，首先通过感觉器官获得自然客体的表象，然后在表象的基础上形成概念、判断或推理。如果不能形成表象，后面的认识过程就无法继续。在以往的认识论探索中，通过感觉形成表象的阶段也被称为感性认识阶段，形成概念后的认识阶段也被称为理性认识阶段，这个划分在术语上可能会存在争议，但实质过程的描述是没有问题的。在亚里士多德那里，也认为我们的认识起源于感觉，在近代认识

---

① 夏甄陶：《认识论引论》，北京：人民出版社，1986年，第219页。

论中也是这样的观点。但在我的看法中，能够被我们在认识论层面明晰地探讨的是表象，自然客体被表象后，与意识中的形式表象相结合而形成认识，概念是对相对独立的表象和可类型化的表象的描述。因此，也有学者把表象视为思维的基础，如李景源认为"人类思维发展的线索是从表象思维进入抽象概念思维的"①，谢太光也坚持这样的看法："古人类学研究显示，表象思维是贯通整个史前期（注：其后期已经开始运用语言）认识的基础形式。"②

我们固然承认表象需要感觉器官的参与才能形成，但对于感觉和知觉的直接研究在目前来说是有困难的。我们在认识论的哲学探索过程中只能从明晰的表象开始，而形成表象的过程是我们根据实际的认识体验推想到的。我们可以对其有大致的认识，却无法形成较为细致的认识，表象形成之前的这些心理过程是以后的研究要解决的问题。在表象的基础上，认识论应该沿着两个方向推进，一个是向前研究表象的形成过程，一个是向后研究基于表象之上的认识的形成过程。胡塞尔无疑是对这个工作予以了推进，他研究了时间意识、空间意识的形成问题，研究了构成认识部件的诸表象的形成问题，如同一性、普遍性、特殊性、不确定性等这些形式客体在意识中的构造问题。基于概念而形成判断的问题，则早已在形式逻辑中探讨了很多，人们对此已经有了成熟的认识。

如果我们说通过感觉器官而形成了表象，且由于表象必然表象的是自然客体或形式客体，由于对形式客体的表象借助于自然客体的表象而形成，那么，表象就是对自然客体或形式客体的反映的结果。在这个意义上，有人把马克思主义的认识论称为反映论也是有一定道理的，因为没有反映，没有与反映相应的表象的形成，就无法形成认识。但是，近代的诸多认识论中其实都有这样的观点，即表象就是对自然客体的表象，而在这

① 李景源：《认识发生的哲学探讨》，北京：中国社会科学出版社，2016年，第107页。
② 谢太光：《反映论新形态：人类认识的生成和演变》，北京：人民出版社，2018年，第35页。

个意义上，把马克思主义认识论称为反映论并不能真正体现马克思主义认识论的特征。

当我们将表象作为思维的基础或可以明晰化把握的环节时，意识活动中的其他形式构造都是表象的形式，也就是说形式就是表象，而自然客体在被表象时，也是以不同的形式被表象的，且基于这些形式形成认识。意识活动中的目的、方法，其实都是复杂的判断结果，也是基于表象而形成的。

在意识行为中，意识不仅有形成外在客体的表象的功能，也有借助外在客体的表象而形成自身的形式表象（形式客体）的功能，且也借助自然客体的表象和形式客体的表象而形成目的、方法等这些较为复杂的东西。如果形成外在客体的表象的过程被我们称为反映，那么，形成内在客体的表象的过程就是构造的过程。判断、目的和方法是基于反映和构造而进一步构造出来的。意识形态是复杂的判断或认识，是基于社会现实形成的，因而也是构造的产物。对此，我们可以在恩格斯的论述中读到这样的观点。恩格斯说："对世界进行研究的一般结果，是在这种研究终了时得出的，因此它们不是原则，不是出发点，而是结果、结论。从头脑中构造出这些结果，把它们作为基础并从它们出发，进而在头脑中用它们来重新构造出世界——这就是意识形态，迄今为止所有的唯物主义也都陷入过这种意识形态，因为它们对于自然界方面的思维和存在的关系无疑在一定程度上是清楚的，而对于历史方面的二者关系是不清楚的，它们不理解任何思维对历史的物质条件的依赖性。"[①]

所以，综合起来，就意识行为而言，主要执行着两种功能：一种是反映功能，一种是构造功能，这两种功能在本质上是一样的。

因此，如果我们仅将认识视为反映，那只能说明意识行为在认识中的

---

① ［德］恩格斯著，中共中央马克思恩格斯列宁斯大林著作编译局编译：《反杜林论》，北京：人民出版社，2018 年，第 356 页。

一个功能，这样并不全面。如科普宁就是这样认为的，他说："读者可能会指责我们似乎是矛盾的，因为起初，当谈到认识是反映的时候，我们指出认识复制、反映客体，而现在，在揭示认识的创造职能时，我们又说认识不是现有对象的简单的复制，认识不是简单地反映对象本来的样子，而是由于人实践活动的结果可能成为的样子。"① 从他的论述而言，他的认识是合适的，这是由于他扩展了反映这个概念，将构造的含义也加在了上面。但这种表述容易使人误解为认识只有反映而没有构造，这是因为科普宁在他的研究中自始至终都没有抓住表象概念，因此也就没有明确地认识到意识的构造功能。与此相关，也有学者把"反映论"视为马克思主义认识论的基本前提，并且反复强调社会意识是社会存在的反映。② 这是没有问题的，但在对客观对象的"反映"与"社会意识是社会存在的反映"这两个表述中，"反映"的含义是不一样的，后者是较为复杂的反映，是基于前者之上的反映。因此，如果漠视这两个含义的差别而把马克思主义认识论归结为反映论，会造成系统化认识的混乱。我们不能凭借词语在用法中产生的多义性而在理论构建中以该词语命名理论，以实现更为全面的表述，这样会造成误解，而应该在含义的系统化论述中选择用词。

马克思对意识的构造功能也是有认识的。马克思说："动物只是按照它所属的那个种的尺度和需要来构造，而人却懂得按照任何一个种的尺度来进行生产，并且懂得处处都把固有的尺度运用于对象；因此，人也按照美的规律来构造。"③ 这里的构造，指的是人基于既定的美的目的而进行构造的活动。这种构造基于固有的尺度，而这种固有的尺度最终是意识中形式化的东西，人既可以根据不同的审美需求而选择不同的方法来实现目的，也可以根据不同的审美需求而进行不同的构造。不仅如此，马克思还

① ［苏］巴·瓦·科普宁著，马迅、章云译：《马克思主义认识论导论》，北京：求实出版社，1982 年，第 108 页。

② 高岸起：《认识论模式》，北京：人民出版社，2010 年，第 54 页。

③ ［德］马克思著，中共中央马克思恩格斯列宁斯大林著作编译局编译：《1844 年经济学哲学手稿》，北京：人民出版社，2018 年，第 53 页。

认为，理论、神学的东西、哲学、道德都是构造出来的。马克思说："分工起初只是性行为方面的分工，后来是由于天赋（例如体力）、需要、偶然性等等才自发地或'自然地'形成的分工。分工只是从物质劳动和精神劳动分离的时候起才真正成为分工。从这时候起意识才能现实地想象：它是和现存实践的意识不同的某种东西，它不用想象某种现实的东西就能现实地想象某种东西。从这时候起，意识才能摆脱世界而去构造'纯粹的'理论、神学、哲学、道德等等。"①

综合上述分析，我们将认识行为中意识的功能总结为两种：一种是对自然客体的表象功能或反映；一种是基于此而构造意识形式的功能，及基于前两者而构造更为复杂的判断的功能。目的、方法都是基于此而构造出来的。

二、执行与验证：实践行为中的两种意识功能

与此相应，在实践行为中也有两种意识功能。对此有人会提出异议，实践行为中怎么也会有意识功能呢？这是因为在认识论研究中，对意识的研究是其核心和突破口，且没有意识功能的实践也无法构成实践行为，所以，我们在认识论研究中，对实践行为的研究实则也是研究其中的意识功能。实践行为理应还有其他行为，如经济行为、政治行为、道德行为等，它们是基于不同的目的而产生的行为类型，在认识论根本问题的研究中，这些都不是主要的研究对象，而是经济学、政治学、伦理学等研究的对象，或者是人类学研究的对象。

因为实践行为是基于认识行为才能做出的，所以，实践行为中的意识功能也是基于认识行为中的意识功能而发挥作用的。如果说认识行为中的意识功能为表象和构造，那么，基于此，实践行为中的意识功能就是基于

---

① 《马克思恩格斯文集》（第1卷），北京：人民出版社，2009年，第534页。

表象和构造而产生的功能。这个功能体现在以下两个方面。

根据前面的论述我们知道，目的和方法（手段）都是意识中复杂的构造。基于此，政治目的和政治手段就构成了政治行为，经济目的和经济手段就构成了经济行为，道德理想和道德原则（手段）就构成了伦理行为，所构成的这些东西都是实践行为的部分。因此，在实践行为中，意识就是去努力执行这些行为并验证这些目的和手段的现实性和有效性。所以，在这里我们可以将这个功能归结为执行和验证功能。执行与验证是不能截然分开的，因为执行就是为了验证，无论是生理需求上的验证还是认识需求上的验证，都是对执行的目的或效果的验证，验证也是为了进一步地去执行。当然，也存在分开的情形，这种情形与我们上述讨论的政治行为、经济行为、道德行为是有别的，它理应属于那些无目的的行为。而有目的的行为必然是需要执行和验证的，否则就不能称之为目的。目的就是"要实现的点"，它自身包含着对它的实现或验证的意愿。

在执行和验证功能中，执行是意识的努力，验证则是基于实践行为的影响而重新在效果上对行为的结果进行表象。如果对结果的表象与已有目的中构造的表象一致，或基于结果的表象所构造出的较复杂的形式与目的中构造的较复杂的形式一致，则视为达到了目的，如果不一致，则视为不能达到目的。因此，我们把基于已有目的中的表象而验证行为结果的那种表象行为称为验证功能。

不仅如此，在实践行为的执行中，伴随着不断的观察，伴随着不断的验证功能，我们在这个过程中也会获得意想不到的表象或期待中的表象，因此也就意味着我们也获得了体验，这实则也是基于执行行为而获得的体验，是表象的获得过程，却不同于先前我们所说的意识行为中的表象行为，因为在这里强调了出现的环节。所以我们把这种功能称为体验功能，它与验证功能在内核上是一致的，我们可以合起来称之为体验或验证功能。在体验中，人们可能会产生新的需求，产生新的目的要素，获得新的形式等。

因此，意识在实践行为中的功能就可以归结为两种：一种是执行功能，一种是体验或验证功能。

需要补充说明的是，从意识的目的构造到实践行为中的执行功能，需要一个中间的环节，这个环节就是方法。人们通过"方法"触碰客体（触碰客体就是执行功能），而后在实践行为中进一步获得体验或验证方法和目的的有效性。执行和验证功能虽然是在实践中体现出来的，却是意识功能的体现。

至此，通过对马克思主义认识论外在结构的论述，我们已经基本澄清了认识活动的整个过程和认识论研究的突破点。在认识活动中，首先需要的是表象，基于表象形成意识形式的构造，再基于此形成判断。目的和方法本质上都是判断，是较为复杂的判断。基于目的和方法，在实践行为中，意识努力执行方法，以验证目的的现实性和方法的有效性，在验证过程中也会获得体验及与体验相关的表象，从而有可能形成新的目的和手段，基于这些目的和手段继续前进，则构成了认识行为和实践行为的交替过程。

而对马克思主义认识论的内在结构的研究使我们最终将对认识活动的研究集中于意识身上，并最终集中于表象及形式，使我们明白了认识的形成过程。内在结构描述的是认识的形成过程，外在结构的研究获得的是对认识的发展形式的整体把握。基于此，我们就可以针对实践过程具体出现的困难和问题来审查究竟是在哪个环节出了问题，相应地就可以知道在解决问题或达到新的目的时，需要在哪个点上进行突破。

第七章　真理与谬误

对于真理问题的根本讨论，就是"真理是什么"的问题，它和与之相反的"谬误是什么"的问题是密不可分的哲学问题。科普宁说："真理是最古老和最复杂的问题之一。如果哲学回避真理和谬误的问题，那是不可设想的。"① 关于真理的历史争论，人们可以参阅科普宁的相关论述。在这些论述中，最主要的有真理的符合论和先验论，符合论接近于客观论，先验论在本质上是主观论。不可知论否定真理，因而严格来说它回避了真理问题。如果说其中有真理的话，那么，除了世界的不可知这一认识以外，没有什么真理存在。此外，关于真理观，还有融贯论（系统论）、冗余论、构造论、共识论、履行论（信念或行为的同意或接受）、语义论。这些讨论对真理的起源和归属问题分析得不彻底，要么停留在主观方面，要么停留在客观方面，或者将真理的判定诉诸实证的方法，或通过个别认识而描述剖析真理的本质。这些做法共同的特征是以理析理，缺乏对问题的深入分析和对概念的详细辨析。这些做法并非全不可取，它们是认识发展道路上的重要一环，对这些各有利弊的认识的澄清，是我们理解真理问题的途径之一。

下文对真理的谈论并不一定能解决人们心中的问题，但对真理的概念处境和来源的讨论，有助于人们澄清自己心中的问题。只有澄清了问题，

---

① ［苏］巴·瓦·科普宁著，马迅、章云译：《马克思主义认识论导论》，北京：求实出版社，1982 年，第 136 页。

才能更好地解决问题。对于真理的探讨虽处处可见，在日常的交流中我们也会经常听到这个词汇，但在我看来，真理是包含在认识中的，没有认识，就谈不上真理，也就不会存在谬误。如果从真假方面对认识做个划分，那么，认识就可以分为真的认识和假的认识，相应地，前者就是我们所说的正确的认识，后者是错误的认识。真理自然是真的、正确的认识，谬误则是假的、错误的认识。但是，作为现象学认识论的研究，我也需要留意真理和谬误这样的认识是如何发生的问题，它虽然也有着历史演变和经验变迁的外在要素，但作为一种认识，它更有着在意识平面内部发生的相关情形。下面分别以真理的含义、对真理类型的探讨和谬误的本质作为分析问题的切入点，来具体讨论一下真理和谬误问题，澄清人们对这两个术语的误解、误用究竟是什么原因造成的，最后，基于其在认识中产生的原初情形，辩证地看待真理与谬误的关系问题。

第一节　真理的含义

马克思和恩格斯在自己的著作中大量使用了"真理"这一概念，但两人都没有以真理为题去讨论"什么是真理"的问题。在恩格斯的论述中，最为接近对真理的界定的表述是在《自然辩证法》中，他说："对综合性自然科学来说，即使在每一单个部门中，抽象的同一性也是完全不够用的，而且，虽然总的说来在实践中现在已经排除这种抽象的同一性，但它在理论上仍然支配着人们的头脑，大多数自然科学家还以为同一和差异是不可调和的对立物，而不是各占一边的两极，这两极只是由于相互作用，由于把差异性纳入同一性之中，才具有真理性。"①

---

① 《马克思恩格斯文集》（第9卷），北京：人民出版社，2009年，第477页。

恩格斯的这段论述非常中肯，但并不好懂，且相当深邃。恩格斯不仅看到了认识在实践中的差异性，也看到了认识在观念或意识中的同一性，只有将差异性纳入同一性中，即实践中的发现和观察与观念或意识中的同一性结合起来，才能够产生真正的认识，否则，认识就只能陷入纷乱之中，一旦陷入纷乱之中，当然也就无法确定真理的存在。同一性是在具体的对象之上产生的，而不是凭空存在的抽象的同一性，所以，它可能会随着认识对象的变化而变化，也即是随着个体对象在认识中的形态变化而发生变化，因此，同一性是与差异性相伴随的，是处于某一对象或某类对象的认识之两极的。真正的认识也就是这两者的结合或转化关系。这样的认识，已经不是一般的经验归纳的结果，而是理性的直觉或意识内的直观的结果。这样的认识并非只来自对前人的学习，更重要的是要发自于自身的洞见，这样才会有源源不断的认识力量。

在我看来，差异和同一都是在观念中形成的东西，或是意识在认识过程中由于认识的必然需要而给出的东西。由于意识所提供的这些东西在对客体或自然客体的直观中可以反复获得意义在形式上的对应，因而，其所表述的认识在能够对应的情况下就成为对客体的认识，从而也使得某一认识显得具有了真理性。对事物的差异性和同一性可以在意识中进行切换，且由于其针对客体的不同部分或整体而予以切换，这就构成了对客体的部分或整体的认识，构成了个体的认识或类的认识。相应地，这些认识在针对其客体或客体的部分时，针对其个体的类或个体时，就具有了不同程度和不同角度的真理性，当其在更高的类上得以扩展时，就具有了更高的真理性，当其在个体的类的系统中得以成立时，就具有了系统中的真理性，当其扩展到普遍的类且仍然能够获得认识上的吻合时，就具有了普遍的真理性。这是仅就认识对象及客观世界而言的普遍性，与马克思所说的"真理是普遍的"含义有所不同。马克思在《评普鲁士最近的书报检查令》中说："真理是普遍的，它不属于我一个人，而为大家所有；真理占有我，而不是我占有真理。"① 马克思这里所说的"普遍的"，针对的是对每一个认识主体而言"真理都是这样的"，这种普遍性也是基于客观的普遍性而言的。如果我们要提炼普遍真理这一概念，就应该对不同含义的普遍性予以区分，而不是混为一谈。

在关于什么是真理的问题上，列宁认为真理是不依赖于人或人类的内容的知识。这一看法受到了很多人的反驳，主要是认为列宁忽视了认识过程中人的主观性。② 我认为，这些反驳大致中肯，但过于挑剔。列宁的确只强调了客观性的一面，但就其实际的思想和现实需求处境而言，他更多的是提供一种理解或解释，而非在系统化的专门理论中呈现某一术语的含义。人人皆可以吸收科学理论中的认识，但科学的探索和表述则是一项专门的工作，所以，我们吸收其表达中合理的东西就可以了。认识是针对客体并随着对象的扩展而扩展的，是随着认识要求的提高而不断提高的，这是它的一般发展形态，所以，认识必然要求的是客体方面的真理或客观的真理性。个体的人或人类的认识行为，承担的角色主要是在做法上如何去处理认识的问题，但是，做法自身并不能给自身以真理性支撑，而是做法所获得的认识反过来为做法提供真理性的支撑，所以，真理是不依赖于人或人类的内容的知识，这种看法并没有错，有其潜在的认识依据。如果没有区分对问题的理解或解释与科学的理论构建是两种不同任务、不同性质的工作关系，那么，在思想的交流中就可能过于挑剔。

马克思说："人的思维是否具有客观的［gegenständliche］真理性，这不是一个理论的问题，而是一个实践的问题。人应该在实践中证明自己思维的真理性，即自己思维的现实性和力量，自己思维的此岸性。关于离开实践的思维的现实性或非现实性的争论，是一个纯粹经院哲学的问题。"③

① 《马克思恩格斯全集·第1卷》（第2版），北京：人民出版社，1995年，第110页。
② 参见［苏］巴·瓦·科普宁著，马迅、章云译：《马克思主义认识论导论》，北京：求实出版社，1982年，第142页。
③ 《马克思恩格斯文集》（第1卷），北京：人民出版社，2009年，第503–504页。

马克思的这段论述所表明的是真理的实践维度，与前面的论述有异曲同工之妙。具体地说，真理既有主观方面的要素，也有客观方面的要素，不是可以单纯地、孤立地予以理解的东西。在主观方面，主要是指获得真理的做法，做法自身不能独立给自身以合法性的证明，它的合法性是在结果的验证之后才进行评判的，真理作为认识，其正确性不是依做法来评判的，而是依客体的相关项及形式构成来评判的，因此，认识需要在对客体的触碰中去验证其真理性。在这个意义上而言，思维的真理性是一个实践问题。然后，通过在客体的触碰中验证的真理性，再来证明自身思维的此岸性的真理性。而理论问题，在理论作为对客体的认识时，可以探讨其真理性，而在理论作为理论行为时，即作为获得理论的做法时，其自身不能确立自身的真理性，而必须依据做法的目的或做法的效果判定其正确性或真理性。实践在获得真理的过程中的作用，可以做这样的理解。

在现代西方哲学的许多研究中，对真理的探讨也很常见，真理的含义较为宽泛，大致相当于真的认识或正确的认识。哲学家们基于一些特定的例子尝试描述或给出真理的一般公式，这种做法一则缺乏意识端的细致探索，因为真理毕竟也是从意识端起源的；二则忽视了真理在形式上是发展的这一特性，它是一系列认识的称呼而非特定的一个认识的称呼。在现代汉语语境中，真理的分量高于真的认识或正确的认识，真理有时候在人们心目中的地位也高于普通的常识和经验性的知识，它更多地意味着理论化程度较高的那些认识，如自然世界的真理和人类社会发展的真理，它甚至还意味着一些正确的根本看法，在哲学研究的学术语境中，我们才会更多地碰到西方哲学研究和经典著作中所使用的那种真理（truth）的含义。

我们无法规定过去的真理概念必须意味着哪种含义，我们要做的是区分前人或众人在这个概念的使用中有哪些不同之处，然后，在对前人著作和他人思想的理解过程中碰到这一概念时对其含义做出应有的含义切换，以便恰如其分地理解其所要表达的含义，[1] 并在我们自己的表达过程中明确地指出我们所要表达的含义，以免罔顾语境发生误解。究其质而言，脱离真理性认识或真理所涵盖的对象，遑论人类的整个真理世界，把真理作为自然客体那样的客体而讨论其性质，是不可取的方式，这是因为失去了准头，只会导致很多的混乱，无助于清晰明了地推进认识。作为对对象的认识，不能脱离其对象而将自己作为纯粹的客体，也不能作为凭空的客体再度空论它的意义，这是认识中需要遵循的原则。

第二节　对真理类型的探讨

真理是一种认识，但并不是所有的认识都可以称为真理。人们在通常的表述中有主观真理、客观真理的说法，也有永恒真理和绝对真理、相对真理的论述，这些说法和论述实质上是缺乏系统的思考根据的。以下，我们就从主观真理与客观真理之间的划分开始，辨析这种划分存在的含混之处，并分析和澄清永恒真理和绝对真理的误用及相对真理这一说法中存在的问题，最后，按照我的考察，将真理划分为形式真理和客观真理两种类型，并讲明这种划分之所以成立的依据所在。

一、主观真理与客观真理划分之谬误

我认为将真理分为主观真理和客观真理是不严谨的，因为它误解了认

---

[1]　恰如其分地理解别人表达的含义，有很多潜在的意义，但在根源上意味着我们要获得其最真实的感受或体验，并以此与自己的感受相比对，然后才会在心灵中将其视为同类或视为同类的不同层次，由此才可以展开交流和认识的传递等一系列相关的行为，这是理解的最根本的作用。基于此，含义的理解其实是交流和认识中已经被进一步具体化的活动，它是在原初的这些心灵行为中奠定后才进一步展开的。

识活动中的主体和客体要素，将它们视为同质的或同一类型内的东西。真理作为认识，如果按照近代认识论研究的一般知识，不仅与主体相关，也与客体相关，主体和客体在认识中是相互依存的。因此，不存在只包含主体的真理，也不存在只包含客体的真理，因而，也就不能以隔断"主观—客观"的方式对真理进行划分。

1. 主观真理的含混性

之所以会产生主观真理与客观真理的划分，是因为一些研究者把认识中的主体和客体与人类实践活动中的主体和客体相混淆了。二者在不同的语境范围或概念系统中指涉的东西是不同的。在人类实践活动中，主体指的就是人或类概念意义上的人，或者说就是人类；客体就是人的周围世界或自然世界（自然客体），是人所要认识和改造的东西，由于人自身也作为自然客体而存在，所以，人类实践活动中的客体还指动物学意义上的人或生物学意义上的人，它不包括社会关系意义上的人，社会关系意义上的人是主体，是实践活动中的主体，是带有群体关系属性的构成物。实践活动中主体与客体的划分，是结构上的划分，这个划分的逻辑在实践活动中是有效的，但这个逻辑不能传递到认识活动中用来划分真理的类型。因为主体作为主观的载体，而客体作为客观的载体，这两者之间无法被证明是同质的东西，它们虽然处于同一结构中，但不一定具有相同的本质类型，所以无法以主体（主观）和客体（客观）为类型对真理进行分类。况且，在前面的分析中我们已经看到，真理是关于对象的认识，因此，它只能区分为是何种对象的认识，或区分为对对象的何种认识，这才是同质的或同类型的区分。同质即是指同类型的质，即同类对象的质，某些对象由于在认识中被看到了质的同一性而被视为同类型的对象，在同类型的对象中，又由于其部分对象的同质性而被区分为更细的类。使用主观真理这一说法的人，对这些东西可能是含混的。

在主观真理与客观真理这样的区分中，如果有人说存在主观真理，那其实就是指这种真理是依人的意识行为而做出的认识，它不是必然地包含了人类实践活动中的对象的认识，或不依据于人类实践活动中的认识对象而做出认识，即不依据于自然客体。简言之，这样的真理实质上指没有必然针对自然客体的真理。然而，在主客二分的认识论研究中，任何认识活动都包含主体和客体，因此，在这里被人们称为主观真理的东西，必然也有自己的客体，即自己的认识对象，否则它就不能构成认识。准确地说，主体和客体在认识活动中是相互依存的，谈到客体时必然意味着与之相对应的主体的存在，谈到主体时必然意味着与之相对应的客体的存在，这是由主客二分的认识模式所决定的。客体就是认识对象，主体就是与认识对象相对应的东西，二者处于同一平面之中，不存在高低主次的区分。因此，主观真理这一说法实质上是包含客观的东西或客体的东西的，哪怕是它的客体没有实际对应的自然客体，它也仍然是有客体方面的东西存在的，如普遍的数学命题，并不只是主观真理。

但在主观真理与客观真理的划分中，其主观概念和客观概念是含混的，主观真理这一概念容易使人误解为真正存在不包含客体的真理和认识，在主客二分的认识论中，这有违于自己的原则和结构，因而会产生矛盾。

2. 客观真理的含混性

在上述划分中，与之相应的所谓的客观真理，则容易使人误解为真正存在不依赖于主体的真理，存在只依赖于客观对象或自然客体而产生认识的真理。这样，进一步地，就会产生这样的矛盾：如果不依赖于主体，如何形成认识呢？为此，一些研究者就做出了补充性的解释，即把主体和客体的相互依存作为认识的特征或性质，又在主观真理的属性中添加其客观性的成分，在客观真理的属性中添加主观性的成分，将主观真理的主观性作为这一真理的本质，将客观真理的客观性作为其真理的本质，本质与属性叠加在一起，作为对主观真理和客观真理的界定和说明。这种缺乏解释的叠加并不是对理论的细致严格的分析和考察应有的做法，因而必然使人们产生理解上的矛盾或误解。这种理论也可以称为"补丁理论"，就像衣服破了洞打补丁一样，不是认识活动中井井有条的"纺织"工作。

这种做法同时蕴含着这样的矛盾：如果客观真理是人所认识到的真理，那么，既然是人所认识到的，它就可以是主观的，所以，这样的真理就成了主观的客观真理。这就使人产生疑问：这样的真理到底是主观真理还是客观真理？这显然陷入了悖谬。如果说它是不依赖于人的客观真理，那么人们就会产生疑问：不依赖于人会产生真理吗？甚至可以问：离开了具体的人会产生认识和真理吗？如果客观的就是人人都可以看到的，那么，人人都可以看到的不就是人人都获得的主观真理吗？如果是这样，那么就会形成这样的看法，即主观真理的重复和相加就可以形成客观真理。这显然也是悖谬的。这实质上已经改变了客观一词的含义，把它当作个体看法的集合。

这种含混的做法同时也在表明，一些理论工作者并没有将认识活动的主客结构贯彻到底，主体和客体的含义与其他概念系统中的主体和客体的含义混淆了，他们或许只能理解的是实践活动中的客体，未能充分理解认识活动中的客体，所以就以实践活动中的客体和主体来理解认识活动中的客体和主体，甚至在谈到主体和客体时，忘记了认识活动和实践活动之间的区分，因此，也就难以看到实践活动与认识活动中的客体或主体的意义生成关系。

在严谨的思考和认识中，同一概念在不同概念系统中的含义不是完全一样的，但这些不完全一样的意义之间却是有生成关系或变化关系的，我们没有必要随意地为专门的意义表达而造词，也不能把不同概念系统或理论系统中的同一词语理解为同样的含义，不能用此系统中的含义弥补彼系统中概念之含义的漏洞，而是要看到意义的生成或变化情况，这样才能对认识进行较为准确的表达和理解。

3. 永恒真理、绝对真理、相对真理之误用

虽然关于主观真理与客观真理的划分是含混的，但我们仍然可以通过考察认识到这种含混性中的确存在着真的东西，认识到一些不严密的认识

形成的根源。如果在这样的说法中"客观的"意味着不依赖于人的认识，那么，"主观的"就意味着依赖于人的认识。进一步地，如果在这一理解中我们对人的概念进行明确的界定，就有个体的人与群体的人之分、历史的人和当下的人之分。相应地，主观真理就意味着个体真理与群体真理的相对应、历史真理与当下真理的相对应，这些真理都可以称为相对真理。

当我们以相对真理来理解个体真理时，客观真理似乎就可以称为绝对真理了。然而，客观真理并不能成为绝对真理，通过对"绝对"这个词的含义的考察就可以认识到这一点。

"绝对"这个词是有歧义的，当理解为永恒性时，我们无法断定什么东西是绝对的，只能设想有某种东西是绝对的，因为永恒性就是被设想出来的。然而在我们的经验世界中，或者在当下和过去的认识中，是无法验证永恒的东西和认识的存在的，因此，"绝对真理是永恒真理"这种说法，即使它是，我们也无法确证，因为永恒的意义无法确定，它更像是情感中的希望，或者说是一种修辞化的产物。如果我们以对立的方式来理解"相对"和"绝对"，因为"相对"是变化的，对应于不同的时间、空间或具体的个人或对象，那么，"绝对"的东西就是不变的，这也就意味着我们从变化的东西中产生了"不变的东西"的构想。

从对"绝对"一词的这两个理解中都可以看出"绝对"是被构想或设想出来的东西。因此，客观真理也相应地在这个意义上成为被设想出来的真理。这立即就产生了矛盾：既然是被设想出来的真理，那就意味着是人为地设想出来的，因此也就意味着是相对真理。客观真理作为绝对真理又反过来成为相对真理，这显然是矛盾的。这时候，有些理论工作者又开始使用"补丁理论"，那就是做这样的补充说明：相对本身就是一种绝对，绝对也意味着相对的绝对。这显然是逻辑矛盾，它违背了自己起初构建理论的原则性设定。起初的这类设定是将含混之物予以明晰分野的初步做法，是不能随意违背的，违背的话只能按照新的设定进行认识的建构，不能在不同的建构之间相互挪用，否则，认识就是不严密的。既然"相对"

是与"绝对"对立的，那么，"相对"就不能等于"绝对"，如果相等了，就等于是说 A = −A，这显然是错误的或矛盾的。有人说在 A = 0 的情况下可以成立，如果真成立，那就意味着"相对"与"绝对"这两个术语的含义归零了，即没有含义了，实则在数学理论中，0 也是没有正负数之分的。不细致地辨析和使用概念，就很有可能在理论工作中出现矛盾。我们说"相对"自身是绝对的时，这里的"绝对"所指的内容或对象已经变化了，它指的是"相对"或"相对的东西"作为存在的那种绝对，是存在的绝对，这种绝对就是存在，这已经不是同一层次的绝对了。而原来的"绝对"和"相对"是处于同一层次或同一平面内的，它们被用来描述同一层次或平面内的同类型的东西，如相对的信念、绝对的信念。

简要梳理一下这段分析，把"客观的"理解为不依赖于人的，主观的就是依赖于人的，那么，依赖于人的主观的真理就成为相对真理，反过来，客观的真理就成为绝对真理，而绝对真理又是人设想出来的永恒真理，所以永恒真理又是相对真理，最终导致客观真理和主观真理都是相对真理，这就构成了矛盾。矛盾的根源在于理解的前提有误，而其错误的根源在于理论工作的不严密或其中存在的含混性没有澄清。从以上的分析也可以清晰地看到客观真理不是永恒真理。在这里，永恒真理这一称谓，本身就是在那种自相矛盾的理解中出现的，因而是荒谬的，所以，我们谈论有永恒真理的存在是不合适的。恩格斯在《反杜林论》中就批评过永恒真理存在的荒谬性。恩格斯说："如果人类在某个时候达到了只运用永恒真理，只运用具有至上意义和无条件真理权的思维成果的地步，那么人类或许就到达了这样的一点，在那里，知识世界的无限性就现实和可能而言都穷尽了，从而就实现了数清无限数这一著名奇迹。"[①]

这里的分析虽然指出了永恒真理和绝对真理这样的说法的荒谬性，但

---

① ［德］恩格斯著，中共中央马克思恩格斯列宁斯大林著作编译局编译：《反杜林论》，北京：人民出版社，2018 年，第 91 页。

仅仅作为说法而言，有其自身产生的根源，他们有着不同的知识背景和认识立场，因而也就有着不同的表述和措辞，也有着言说者自身并不十分清楚的合理意义。对此，恩格斯有着清醒的认识："绝对真理、理性和正义在每个学派的创始人那里又是各不相同的；而因为在每个学派的创始人那里，绝对真理、理性和正义的独特形式又是由他们的主观知性、他们的生活条件、他们的知识水平和思维训练水平所决定的，所以，解决各种绝对真理的这种冲突的办法就只能是它们互相磨损。"①

永恒性是为了克服有限世界的东西而设想出来的，是一种信念的产生或意愿的扩展，或者说是希望的产生。让念头持存就是信念，希望是一种信念。产生美好希望或对希望的信念，这没错。错误在于不能把希望的东西和现实的东西相混淆，不能把修辞和科学措辞相混淆。因此，只要我们在信念的意义上使用永恒一词，仍然是合适的表达。没有信念就不会有判断，判断也意味着信念的进一步增强。我们把某种真理称为绝对真理时，是在某一真理之上又添加了"绝对"这个意念，由于添加了意念，这一表述实质意味着对某一真理在信念上的增强或在表达上的增强，因为意念添加一次，表达的强度就增加一次。因此，我们在听到某人谈论绝对真理时，就可以理解为他对某一真理在信念上的强化，而不是只认为他这样的表达是不合适的。从认识在意识中的发生情形来看待人们的表述，可以使我们从那些不合适的表达中理解出那些他真正想要表达的东西。而那些他真正想要表达的东西或许他自己并不能清晰地表达出来。理解错误的难度可能要远远大于理解正确的难度。

表述的混乱或错误并不意味着其本身的认识存在错误，由此，我们就可以通过清晰化了的认识及合理的表述将真理传递出去并取得他人的认同，或在克服他人的含混的过程中建构出同样清晰的认识。每个人的认识所具有的可建构性特征使知识的传递成为可能。认识的错误无法在客体身

---

① 《马克思恩格斯文集》（第3卷），北京：人民出版社，2009年，第534页。

上再度清晰地复原出来，因为其中充满着含混性，尤其是当这种含混性作为固定了的含混性时，我们就难以将清晰正确的认识传递进去，除非深刻的教训足以引起其自身的质疑与反思，它自己也意识到了新的要素或曾被忽略的要素影响时，才有可能被传递以清晰的认识。认识的目的与传授认识的目的都在于清晰性的获得和传递。

作为理解者，我们要调动自己理解的积极性去发现他人表述中存在的和可能存在的意义，才能透过彼此的认识触点扩展我们的视野并考虑到新要素对认识的影响。列宁曾说过这样的话："当一个唯物主义者，就要承认感官给我们揭示的客观真理。承认客观的即不依赖于人和人类的真理，也就是这样或那样地承认绝对真理。"① 要理解列宁的这段话，以及前后文中关于相对真理和绝对真理的表述，一方面要从其本人对这两个术语的特定用法上去理解它的含义，以进一步理解他对真理的辩证方面的论述；另一方面要从信念的强度上去理解客观真理，否则就会产生理解的矛盾。我们需要在以往作者的特定用法中理解相关的概念，在系统化的认识论构建中维持概念的一致性，这两种做法要区分开。

二、形式真理与客观真理

将真理划分为形式真理与客观真理才是可取的办法，尽管这样的做法也存在着一些问题，但通过逐步的界定和区分，其中存在的问题就不成为问题。

但在划分之前，首先要澄清的问题是：为什么不从主体方面去划分真理？

1. 从主体方面划分真理的困难

通过上面的分析我们知晓，将真理划分为主观真理和客观真理会导致

① ［苏］列宁：《唯物主义和经验批判主义》，北京：人民出版社，2015年，第130页。

很多谬误，这是因为人们混淆了实践活动与认识活动中的主体和客体，不恰当地挪用了不同原则中的认识。在实践活动中，主体和客体可以相互分离以指示不同的东西，这是由实践的具体结构决定的，而在认识活动中，主体与客体是不能够相互分离的，因为认识的必要结构决定了这样做是不合适的。在认识活动中，认识在结构上是主体与客体的相互作用，主体是相对于客体而言的，没有客体，就没有主体，也不存在抛却客体的主体。因此，实践活动中的主客划分的逻辑不能移植进来。又因为无法证明认识的主客体是同质的，所以，认识中的主体和客体不能作为同质类型并以此划分主观真理和客观真理。同时，由于在我们以往的定义中，认识就是对认识对象的认识，或者说就是对客体的认识，而客体又可以分为不同的类型，所以，我们可以从客体方面去划分真理的类型。相应地，不同类型的客体对应着不同类型的真理，这样，就可以在客体的尺度上对真理以及认识进行划分。我们必须清晰地认识到，在严格的认识中，划分必须按照同一尺度，不能把不能分开的两个东西划分开来以作为可以纯粹独立的部分。

在推演的开端，如果我们能够从客体方面进行真理的划分，那么，这也同时意味着我们可以从主体方面对认识和真理进行划分，不同类型的主体对应着不同类型的认识或真理。

但是，我们从主体方面划分认识的类型或真理的类型存在着巨大的困难。困难之所以存在的主要原因在于主体脱离客体后难以被明确地表述出来或呈现出来。在实践活动中，从"实践的主体—实践的工具—实践的对象"这一实践的结构来看，主体可以被明确化，通过这个结构我们也可以清晰地理解社会关系和社会存在的变化规律，但在认识活动中，主体不能脱离客体而总是被明确化。

在认识活动中，无论怎样界定客体，相对应的主体都是模糊出现的东西，或者对它的描述最终会陷入缺乏意义推进的同义反复。如果说对面的一棵树是客体，这棵树就是我们认识中的客体，这个客体也被称为自然客体或自然对象。在以往的研究中，这个客体就是物质世界的东西，是客观现实的存在。客观的，就是对象的；现实的，就是可以被感官触及或反复触及的；存在，在这里就是对"触及"的扩展性表述，根本上还是意味着触及或能被触及，亚里士多德很早就表达过这样的含义，认识事物时就意味着事物存在。与此相对应地，认识这棵"树"这一客体的那个东西就被我们视为主体，这是从默认对应的"谁在认识—认识的对象"这一结构中求解出来的东西，因为人们意识到必然会有一个东西执行着对对象或客体的认识，然后才能形成认识。但是，如果说每一个认识中都有一个客体，也有一个主体，那么，就意味着不同的客体有不同的主体，就会出现无数的主体，这显然是人们无法接受的理论事实。当人们把认识理解为人所产生的认识时，这时候，自然而然地，人就是认识的主体。继而，如果从人这个主体的类型来划分认识或真理的类型，那就会出现男人的真理与女人的真理、年轻人的真理与老年人的真理、黄种人的真理与白种人的真理等区分，这显然无法形成统一的标准，以此划分科学也是没有意义的。这时候，不是人这一主体不适合充当认识的主体的问题，而是对人这个主体的研究并不能有效地推进我们的认识，无法满足更高的理论需求。但这样的认识对于克服认识的神学起源说、含混的天理说，具有重要意义。

通过进一步的思考，人们发现，不仅人的感官，而且人的意识在执行着认识活动，感觉在功能上只是能够形成认识的一些材料，这时候人们又把意识作为认识的主体。但这一认识同样带来问题，即我们无法通过对人的意识的精确研究获得对意识的更加细致的认识，至少在现阶段不能做到这样，因此，意识作为主体也是存在问题的，即它也不能满足我们更高的更精密的理论需求，由于缺乏对其细致严密的认识，所以无法以此对真理进行分类。近代的心理学，包括实验心理学和传统的哲学心理学都尝试对意识进行研究，但并不能真正揭示意识是如何有效地执行认识功能的。这些研究中通常有意识类型的划分，如果我们按照意识类型对真理进行划分，就会出现有意识的真理与无意识的真理、社会意识的真理与个体意识的真理、自我意识的真理与非自我意识的真理等，这显然无法推进认识。此外的问题还在于，当我们研究什么是意识的时候，意识又作为客体出现，那么，又是谁在执行对意识的认识呢？按照这种方式不断推演或追溯，要么追溯到的是自我意识或意识自我，要么就导向"神"，它们都是无法被表象出来的东西。对意识行为及其作为主体时的不清晰的认识会导致这种谬误的产生，实质上这也是把意识的功能与意识自身的本质特征混为一谈后所导致的推理结果。

通过上述推理，可以认识到，从主体方面对认识或真理进行划分最终会导致含混或悖谬。在追求清晰明了的认识的道路上，任何导致含混和悖谬的方式或做法都不应该是我们要坚持的，除非这里的含混和悖谬在目前而言能够成为清晰性的东西和真理的东西。因此，从认识作为主体对客体的作用这一理解基础出发，我们最好尝试从客体方面对认识或真理的类型进行划分，看能否打开一个克服含混性的缺口。

2. 从客体方面划分真理的类型

在澄清了第一个问题后，从客体方面划分真理的类型首先面对的问题就是如何界定客体以及这种界定是否会导致含混或无穷追溯带来的困境。只要客体可以被明确地澄清并避免那种在对主体的追溯过程中所遇到的"恶"的无穷追溯，那么，我们就可以有效地使用这一界定并展开相关的研究和对认识进行构造的工作。明晰的认识或界定是展开进一步研究的有益基础。

在此，我们借鉴胡塞尔所使用的解释来帮助我们理解与客体相关的概念之间的含义关系。胡塞尔的解释告诉我们，一个对象作为认识对象时就叫做客体，客体与自然客体的意义之间是有生成关系的。因此，自然客体就是以自然世界或自然世界的某物作为认识对象的客体。这种理解和解释也意味着客体还包括其他类型的客体，或者说只要是作为认识对象的就是客体，因此，当我们将某一认识作为认识对象时，某一认识就是客体。如前面所说的一棵树，就是我们所要认识的自然客体。与自然客体相对应的就是精神客体或意识客体，因为在我们通常的哲学史中，精神、意识、自我、心灵虽然是发端于不同哲学家和历史时期的表述，其含义有着起源上所各自包含的特定意义，但其含义是有相通之处的，即都对应于自然客体，对应于自然世界中的事物。如精神哲学也即是道德哲学的同义语；意识则不仅是精神的突出体现，也是人脑的功能性显现；自我则被视为意识的源头，心灵则是智性功能的载体。

但在这些客体中，能够为我们所使用的是意识客体这一术语，它表示的是意识中的构成物或意识提供的东西，这是基于我们将认识的一些成分理解为意识的构成物而言的。按照反映论的观点，自然客体或外界事物刺激人的感官形成感性材料（感觉），在此基础上，我们可以对这些感性材料加工（知觉）形成认识（表象）。要形成对外物的认识，外物就必须能够在意识中被表象出来。在这里，认识在此基础上就会遇到两个方面的要素，一个是感性材料或由其形成的表象，另一个是意识自身借助这些表象而产生或发挥作用的另一种意识表象，前者在自然世界中有直接的对应物或自然客体，后者则无法在自然世界中看到直接的对应物，而只能在头脑或意识中形成或提供出来。因此，我们把这些无直接的外在对应物的意识中的这种类型的表象称为意识客体。在现象学先驱、哲学家布伦塔诺那里，现象被区分为自然现象和心理现象，且自然现象与心理现象在意识中都以表象的方式存在。这一看法与我们此处的看法实质上是一样的。

自然客体在意识中形成表象，按照以往哲学家们的理解，是在知性的作用下形成的，哲学家们对感性和知性的理解各不相同，此处不再详述，但多是因为未能对认识活动获得真正有效的澄清，关键概念也是含混的所致。在以往的马克思主义认识论研究中，表象是由知性整理感觉材料而形成的对事物的表象，且这个表象只具有单一的"表象外在事物的表象"这一含义，在表象之上，形成概念、判断和推理。在这一理解路径中，概念要么是指单个表象所对应的自然客体的名称，要么是指这一类自然客体的名称，而跨越类概念或无法属于类概念的那些认识中的概念则被视为抽象概念，这种理解无疑是在表明，以往的这些研究在批判唯心主义的同时，并没有将自身理论内的唯心主义要素清除干净以纯粹地基于现实的东西而唯物主义地考虑问题，形而上学的一些不好的思考方式仍然模模糊糊地存在，这些抽象概念与能够具体指示自然客体的概念具有什么样的关系并没有得到澄清，一些抽象概念被视为形式，一些抽象概念则无法得到解释，只是习惯地去理解和使用。因此，这些研究无法满足更高的理论需求。

在我的理解中，跨越类概念的那些概念是作为意识表象而言的，只是它并不能直接找到自然世界中的对应物，它是意识在处理两个或多个自然客体的表象的关系中形成的。又由于两个或多个自然客体的表象的关系体现为形式，这也是我们造就的形式，所以，意识表象的清晰的含义就是形式。因此，当我们研究意识表象或将意识表象作为研究对象时，这些意识表象就是意识客体。

当然，也有很多人会不同意我的看法，认为意识表象还有其他的东西。除却自然客体的表象不提，再除去形式，的确还有其他表象，但如果这些表象不能被清晰地描述出来并且以清晰的方式澄清它们与其他表象之间的关系，那么，这种看法虽然包含潜在的、或许也不甚明了的、隐隐约约的更高的认识需求，却无助于推进我们所需要的更为清晰化的认识。认识的发展需要的是明确化的推进，而清晰化实则是在形式上获得推进。形式是意识表象，是有别于表象了自然客体的那类表象，但由于无法证明意识表象只是形式这一种，所以，我也并不坚持意识表象就是只包含了形式这样的意识表象，且今后的认识中意识表象这一概念就只是这一含义。这等于自缚手脚，封闭了认识的扩展。但是，认识的扩展要以清晰化的方式进行，否则，遑论全体或最高追求，最终往往由于困难太大而无所成就。论述全体与最高追求有其他的意义，但并不能有效地使认识获得精细化的推进，稍有不慎就会成为怀疑论或理性神学。在将来的研究中，表象及意识表象这两个概念，或许会得到突破或推进，它们所表示的东西，或许会以另一种更为精确的概念或相关物表述，但绝不是以当今的含混的方式遭到对认识无实质性推进的否定。

在以上的分析中，自然客体的表象加之意识客体的表象（形式）形成判断，并逐渐形成了复杂程度不同的认识。这一认识并不违背我们将认识理解为主体对客体的认识或主体对客体的作用关系。

在此基础上，我们也就形成了对两类客体的认识：一类是对自然客体的认识，一类是对意识客体的认识。因为我们坚持认为真理也是认识，由此就形成了两类真理：一类是自然客体的真理，一类是意识客体的真理。又因为自然客体在我们的理解中是以客观的方式存在的，由此，自然客体的真理就可以称为客观真理；意识客体具体的存在形式就是形式，所以，意识客体的真理就是形式真理。在此基础上，对这两类客体的系统化研究就形成了两类科学：一类是外在的自然科学，一类是内在的形式科学，前者诸如今天的物理学、化学、地理学、生物学等，后者诸如数学、逻辑学、统计学、信息学等。科学依据表象的对应物及内在化程度或意识的内在与外在，可以分为内在的科学和外在的科学。外在的科学还有其他类型，物理学、化学等只是其中的一些类型。按照严密的考察和分类，还存在内在的自然科学和外在的形式科学，还有另外的认识视角下形成的其他科学，此不再述。

在进一步的区分中，我们也可以说形式真理与客观真理是不同的，但也可以视为具有相同基础的真理。当某一真理以其得以形成的形式自身作为这一真理所指涉的对象或内容时，它就是形式上的真理。如：A = A，这就是形式真理，A 是意识形式在被符号化后体现出来的形式，形式化是符号化的前提。我们知道，任何真理都包含它的形式，这是因为真理是认识（谬误也是认识），形式是组成认识的重要部分，所以任何真理都拥有自己的形式。但是，当某一真理不仅包含自身的形式，而且它的形式映射着与之相关联的内容或认识对象时，它就是客观真理，即它是关于其内容或认识对象的真理。如牛顿的物理学所表述的真理，在不同的认识层次上表述的自然世界的其他真理等。

第三节 谬误的本质

真理与谬误是相对应的。恩格斯认为真理是相对于谬误而实现的，他在《反杜林论》中说："拥有无条件的真理权的认识是在一系列相对的谬误中实现的，二者都只有通过人类生活的无限延续才能完全实现。"① 对于真理的讨论，我们在很多著作中可以见到，但对于谬误的讨论则少之又少，大多数时候只是一笔带过。人们或许认为谬误是真理的对立面，只要自己讲明了什么是真理，那么关于什么是谬误的问题就自然是清楚的。但我并不持这样的看法，我认为凡是人们所忽视的地方，要么是价值的洼地，要么真的一文不值。但作为真理的对立面谬误而言，在理论上它并不会一文不值，所以，它必定是理论探索的价值洼地。

实质上，在讨论谬误的过程中所遇到的情形可能比讨论真理所遇到的情形复杂得多。我们澄清了真理，并不意味着就澄清了谬误，澄清了真理只能断定什么是谬误，而我们需要明白的是为什么会产生谬误，不只是将某一认识断定为谬误就草草了事。能够澄清谬误，就有助于在谬误中找到真理，否则，根据真理去推论真理，只能产生有限的真理性认识。如此一来，新类型的真理性认识则只能靠运气去发现。而伟大的科学家多有基于谬误而使用相异法尝试探寻真理的例子，并反过来寻找合适的能够得以确立的形式将其表述出来，从而为科学的基本知识库增砖添瓦。因此，如果我们澄清了谬误及其源头，则至少意味着我们增加了一种发现真理的途径，而不只是停留在靠运气去发现新类型的真理的阶段。如果真理是有限的，则

① ［德］恩格斯著，中共中央马克思恩格斯列宁斯大林著作编译局编译：《反杜林论》，北京：人民出版社，2018 年，第 90 页。

谬误是无穷的,它随着认识的推进而不断有新的形式产生出来,所以,此处我们只能对其本质加以澄清,不再涉及具体的逻辑谬误及谬误形式。这些具体类型的谬误形式,在东方学巨擘舍尔巴茨基(F. I. Stcherbatsky, 1866—1942)所著的《佛教逻辑》中,已经讨论得相当完备了,有兴趣的读者可以阅读该著第三部分第四条的内容。[①] 此外,在许多逻辑学的教材中,一般都会提到二十三种常见的逻辑谬误形式,这些形式与舍尔巴茨基的研究中所论述的类型是一样的。对此,读者可以结合起来阅读,以窥堂奥。以下所分析的是两个根本的方面,即谬误在形式上的问题及其中的客体的关系问题,我认为这是把握谬误的两个本质上的问题。

一、谬误作为形式的设定

首先,我们不能否定谬误是真理的对应形式。承认这一设定,是我们进一步探索的手段,即我们使用这种彼此对立的设定,是为了从正反两个方面认识事物或达到我们的认识目的。这里的谬误,在同一尺度的设定行为中,所指示的就是"非真理"。对同一事物的认识,如果只有唯一的认识或只希望唯一的认识结果,那么,对结果的判定必然是非此即彼的,那个被选取的认识结果,就被视为真理或正确的认识,而未被选取的认识结果,就被视为谬误。而要判定什么是我们需要的结果,必然要事先建立一个相应的形式,不符合事先的形式或形式表象的,就被判定为谬误,所以,谬误也是在形式上判定的,因此,它就必须也是意识基于特定的要求而给出的形式及预先给出的一些其他形式。

当我们判定的结果存在多种情形或相反情形时,就会让我们陷入矛盾,即在对唯一结果的希望中,"唯一的"与"非唯一的"结果之间存在

---

① [俄] 舍尔巴茨基著,宋立道、舒晓炜译:《佛教逻辑》,北京:商务印书馆,1997 年,第 369 - 417 页。

矛盾。这里的矛盾体现在意识中，即未能满足我们的"唯一性"设定（或意识给予），又要承认"不唯一的"两个或多个认识结果是唯一的，所以陷入了矛盾。设定的东西必然是形式的，否则无法判定结果。如果人们要把这里的希望或满足意愿当作主体性或主观性，那么，认识中的矛盾首先就是一种主观上的冲突；如果人们不在这里强调主观性，那么，认识中的矛盾就只是形式上的冲突；如果在形式上没有冲突，那就要退回到客体身上去重新认识它。

在这里是否选择引入主体性或类同概念，会有不同的效果或效力，也会引起不必要的麻烦。如果不引入主体性，消解掉主体性，以法学研究为业的人就慌了，以道德为核心问题的那种伦理学也必然没法再讨论下去。如果现象学家忽略了这一点，只做消解而不懂得增设（或给予），那将会在伦理学研究中产生一种恶的现象学效应。设立承担者，并给出承担者的职责，是认识自身对自身要求予以负责的体现。而这些承担者及其职责，都必然可以转化为形式上的存在，这样，意识通过形式的对接与转换，就会确定具体的承担者。无论其是刑责的承担者，还是伦理道德责任的承担者，都可以通过这种形式上的对接方式被确定。

其次，在任何时候，意识采用对立的、尺度上同一的这种划分和设定，总是可取的办法，也是自身对自身的认识予以负责的起点。在下面的探讨中，我们还将知道，这种同一性基础上的划分和设定作为认识的手段而言，在最初的预设中，是唯一的不可能多有的形式，它设定了一个唯一的形式，其相反的形式反过来就是自己的形式。这就好像我们在一把直尺上标记了一个分割点，直尺上其他标记的点，如果不属于这一部分，必然要属于另一部分，除非标记的点不在这把直尺上。对应的形式是彼此相互界定的，它们之间存在着一个不可再分解的纯粹的分割点或分界线。

在这个意义上，真理和谬误之间是彼此界定的，不只是通过真理来界定什么是谬误。但在对其的判定过程中，则要在同一形式之上验证两者与现在的形式之间的相合性，不相合的就是谬误。这必然意味着谬误也是作为形式出现的。

在这些论述中，谬误体现为形式的混乱或形式设定的不一致，或形式在设定后没有维持同一性而产生的认识进程中的混乱。当认识以形式呈现时，无论是作为真理的认识，还是作为谬误的认识，都必然是形式上呈现出来的。

二、谬误作为客体的形式关系

某一认识是真理还是谬误，它不仅涉及这个认识中参与完成认识的意识形式，而且涉及认识的客体，因为认识就是对某个对象的认识。

在以往的讨论中，认识是主体加客体。但我们必须清晰地认识到，主体是对立于客体而言的，在确定的顺序上，我们并不能直接确定什么是主体，而是通过客体确定什么是主体，这是意识发生的必要过程，不同层次的客体对应于不同的主体。换言之，主体总是通过客体而确定的。在主体被确立之后，我们又意识到了主体作为认识的发起者而承担的作用。我们平时有明确所指的主体，有着其在先前的意识认识历程中的确定过程，它并不是一开始就自己作为主体呈现出来。换言之，在我们可以完全表象客体或呈现对象时，我们不是不清楚什么是主体，而是不完全清楚什么是主体。或者说，主体有一部分是模糊的，我们只能清楚"对应于客体"的那一部分含义。如果我们仅以这只有一半儿清楚的主体去确定客体，就可能导致麻烦。

在前面的分析中我们已经知晓，客体有两种：一种是自然客体，另一种是意识客体。自然客体在自然世界或周围世界中有直接的作为个体的对应物，而意识客体则没有直接的作为个体的对应物，它虽然依赖于自然客体而建立，却没有对应物，它是意识中的形式，也是自然客体身上可以反映出来的形式，或者说，它至少要对应两个作为个体的自然客体或至少两次对应某一自然客体后，才能被人们明晰地意识到，而我们意识中的形式在被表象时或以表象的方式呈现时，必然也需要外界的自然客体的表象的支撑，无论它是颜色这样的东西还是被描绘在纸上的图形。

认识被我们视为在意识平面内完成的事情，被我们视为获得转化的同质要素的相加或运算。在对自然客体的认识过程中，主体要在意识内形成对它的认识，必然包括两部分要素：一部分是自然客体在意识中的表象，因为自然客体是有广延性的，所以无法直接存在于意识之中；另一部分是意识借助自然客体而产生的表象或曾经产生过的表象。这两类表象被我们预设为同质要素后，才能对彼此之间的关系进行处理，否则，就不能进行形式之间的运算，就像热度和硬度之间不能进行换算、声音与味道之间不能进行调和一样。基于不同质的要素会形成不同的基础认识和理论。由于存在形式的切分，所以，"数"的形式、"几何"的形式才成为可以参与诸多不同质的要素之间的换算的公共要素，但它们并不能完全独立而对客体产生认识上的意义，只有和类型化的同质要素相结合才能产生对客体的认识。如果将"算术"自身作为客体进行认识并予以新的形式化或"几何化"，形成的就是各种各样的"算法"。在自然客体的认识中，加入数和几何的形式处理认识后，形成的就是自伽利略以来的典型化的精密科学研究。由于"数"的形式和"几何"的形式是可以从其他一些形式中转化出来的东西，所以，我们也将这两种形式与那些相关的形式视为同质要素的形式，否则，就不能发生组合或勾连关系。

前述两类表象之间形成的关系，就是对某个自然客体的认识。在这个过程中，主体或意识提供的是形式，这些形式与自然客体在意识中处理后的形式发生关系，形成的就是认识。如果我们出于更高的理论需求对这两类表象之间的关系进行精细化，那么就是要在形式关系上进行精细化。当认识被理解为形式时，形式就可以被不断地切分、组合或简化，从而形成精细化程度有所不同的认识，也可以形成不同形式的认识。认识的精细化就是在形式的切分中完成的，我们不仅可以把意识客体处理为形式，对自然客体也可以予以形式化的处理，以不同的形式化类型对其进行处理。由此，我们就形成了对同一事物的不同认识和不同程度的认识，认识的最终结果是以形式的组合方式出现，无论其是被细分过的形式，还是被综合过的形式。

认识的客体又被视为认识的内容，但内容是以形式的方式被认识的，我们无法直接认识内容，而是通过形式化的手段来处理内容。"内容"这个词有时很混乱，含义也不明确，人们需要斟酌理解。但当我们把它处理为形式并作为形式来理解和做进一步的处理时，有利于我们在明晰化的方向上维持清晰的认识进路，否则，任由含混则将导致更多的含混。这种含混是无意义的。当然，那种有意义的以整体方式作为清晰化了的含混在此暂不讨论。但通常语境中，人们所说的"内容"没有我们在这里将会涉及的精细化的诸多意义和界定，而仅仅是指认识的客体或认识的对象或认识的组成部分。一个认识所包含的内容则是指该认识的组成部分，这些组成部分也可以被视为认识的对象或认识的客体而进行再认识。此处暂不详述。

就认识的客体而言，当这个客体作为自然客体时，就被以形式的方式表象或被分解为诸多形式的组合，且每一个形式都伴随着自己的内容或潜在地指涉自己有一个内容，而对这个内容的进一步认识无外乎就是进一步进行形式上的处理或分解。对这个客体的认识就意味着对其诸多形式之间的关系进行建构，且在建构过程中必然要用到意识形式。当这个客体作为意识客体时，就是意识的形式。当然，这些形式也可以简化和分解。在对这样的客体所对应的形式进行认识时，这里的"进行认识"意味着再度表象一次或多次，通过排列、组合、叠加、勾连，以建构出新的或曾经的形式关系。建构曾经的形式关系就好像今天人们在智能手机上重设解锁界面上的手势密码一样。在对意识客体进行认识时，要么意味着将其再度表象出来，要么意味着建构新的形式关系，要么意味着再度建构曾经的形式关系，新的建构就是制造逻辑的过程，再度构造就是复原或验证已建构的逻辑的过程。新的建构并不存在对错问题，而只存在是否有效、方便地使用它的问题，这是对事物理解和创新思考的关键，而再度重建则存在对错问题，也就会产生谬误问题。因此，认识虽然针对的是认识的客体，但最终都需要分解为形式才能被认识。由此，认识就成为不同程度和不同角度的形式关系，且每一形式都有自己隐含的内容，隐含的这些内容只能以继续分解的方式才能被认识或表象出来。因此，作为对客体的认识的谬误，则最终是形式关系是否具有一致性时体现出来的谬误。形式关系一致就是真理，形式关系不一致就是谬误。

在这个过程中，如果作为认识结果的形式不能维持同一，那么，其中的一些形式或个别形式则被视为谬误，即不正确的认识。如果自然客体不能被再度表象出来，则被视为虚假的，如果被表象为别的，之前的表象就是错觉。如果已经确立了唯一的正确的形式，那么，其他的形式则被视为错误的。对自然客体的认识所导致的谬误要从自然客体的形式的分解或组合中去判断，作为对意识客体（意识形式）的认识而导致的谬误则从意识形式的运演中去查验它们之间的一致性，即是否存在逻辑矛盾。同时，对自然客体的认识是否会导致谬误则同时要涉及两个方面，如果意识客体或意识的形式的运演方面不存在逻辑矛盾，则要去查验其在自然客体之形式的分解、综合、运演过程中是否存在省略或添加。若这反映在通常的认识中，则要考虑观察到的表象要素是否齐备，是否把不同层次的要素混为同一层次的要素，或是把同一层次的要素分为不同层次的要素而导致层级的增多，或是把不同的要素视为同一要素而导致认识结果不能准确反映诸多单个要素的表象形式，或是把同一要素视为不同的要素而导致认识结果的涵盖范围过宽。

我们简要总结一下：客体被直接表象为别的，就意味着错觉；认识的结果如果确立了唯一的形式，则其他的认识结果就被视为谬误。在汉语中，谬误的语气色彩要强于错误，主要用来描述那些重要的更为肯定的错误，它们在以形式表象出来的认识结果中，也具有共同的形式。

第四节　真理与谬误的对立统一问题

根据上面的论述和总结，由于真理与谬误是在同一尺度上被设立的相反的东西，所以，我们可以对应地获得关于真理的这些认识：客体被再度表象为同样的表象，就是真实；认识的结果如果确立了唯一的形式，则其他与此相一致的认识结果就被视为正确的。同样在汉语中，真理的语气色彩要强于正确，主要用来描述那些重要的理论，但它们在以形式表象出来的认识结果中，也具有共同的形式。

通过以上分析，我们得到了与真理和谬误相平行的两组概念：

第一组：真理，正确，真实。

第二组：谬误，错误，错觉。

这两组概念相互对应，彼此可以转化，因为它们之间的对立就像直尺上用某个标记点所分开的两部分一样，一方的让步就构成另一方，彼此之间可以相互界定，而且必然是彼此界定，而不只是通过一者界定另一者。在本章的分析中，我们主要针对的是与正确、真实、错误、错觉在程度上有所区别的真理和谬误概念，因为通过对这两个概念的分析就可以附带获得对其余四个概念的认识。

如果我们含混地表述这种关系，那就是真理与谬误之间是相互转化的。如果我们细致地去思考这一含混的表述，则至少可以得出两方面的认识：一方面，通过对真理的分析发现谬误，通过对谬误的认识发现真理。对某一真理进行分析或再认识后，发现它并不能与对客体重新认识后表象出来的认识结果相一致，而后面的认识结果是可以反复获得的，那么，之前关于这个客体的认识上的真理就被宣布为谬误。在这种情形下，与其说是真理转化为谬误，不如说是过去的错误得到了重判。如果我们对某一谬误再分析或再认识后，梳理了其中的形式运算方面的混乱，获得了唯一的可以反复获得的认识结果，那么，我们就通过对谬误的认识发现了真理。这时候，谬误向真理的转化，实质上是通过再认识而获得了真理性的认识，并剔除了过去的不合理的认识。"转化"在这里的含义，就意味着认识活动的再次努力，而不是某种东西的变异。

另一方面，过去的谬误变成了真理，过去的真理变成了谬误。过去的谬误变成了真理，这种情况比较少见，它往往产生于两种情形：第一种是人们没有认识到过去的真理的真理性，而把其当作谬误来对待，这实际上意味着理解者认识的转变，从不一致的理解转变到一致的理解的过程，而过去的认识自身并不存在与客体的唯一的认识结果不一致的问题；第二种是过去的谬误所拥有的客体发生了变化，有些形式要素不见了，或变化中出现的新形式通过整合或加工后恰好可以满足过去的谬误所表明的认识。而过去的真理变成了谬误，则也有两种情形：第一种是过去的真理所面对的客体发生了变化，有些形式要素不见了，或客体表现出了新的形式，基于先前的形式要素，通过对要素的重新加工获得了与原来不一样的认识，则过去的真理被宣布为谬误，或成为某一历史阶段的真理；第二种是人们提出了更高的理论要求，这种理论要求需要更普遍的解释效力，在这种情形下，由于过去的真理所拥有的解释效力有限，不能满足新的认识需求，所以与先前的需求及其认识成果相对而言，就成了谬误。

真理与谬误的相互对立或转化具有其特定的含义，并不具有普遍的含义，形式的普遍性不能代表内容的普遍性，所以，不能将这种有限的范围内的对立理解为普遍的相对，以免犯了相对主义的错误。相对主义也是恩格斯所批评的对象。在《反杜林论》中，恩格斯说："真理和谬误，正如一切在两极对立中运动的逻辑范畴一样，只是在非常有限的领域内才具有绝对的意义。……只要我们在上面指出的狭窄的领域之外应用真理和谬误的对立，这种对立就变成相对的，因而对精确的、科学的表达方式来说就是无用的；但是，如果我们企图在这一领域之外把这种对立当做绝对有效的东西来应用，那我们就会完全遭到失败；对立的两极都向自己的对立面转化，真理变成谬误，谬误变成真理。"[①] 恩格斯对杜林的这些批判所呈现的认识，在今天看来仍然是中肯的。但是，一些人仍然在犯相对主义的错误，不是去严格、细微地辨析认识过程的发展变化中呈现的具体要素，而是粗略地将其简单化。而不知细节的简单化就是肤浅化，它是教条主义的本质。马克思主义是反对空洞的教条化做法的。如恩格斯所说的："真正科学的著作照例要避免使用像谬误和真理这种教条式的道德的说法，而这种说法我们在现实哲学这样的著作中到处可以碰到，这种著作想强迫我们把空空洞洞的信口胡说当做至上的思维的至上的结论来接受。"[②]

如果我们说真理是以简要的形式呈现较为整体的认识，那么，这些整体的认识必然需要细节的支撑，而不只是一个理论或认识的空壳。

在上述讨论中，"相对"这个概念的含义不能被误用，或需要谨慎地使用。我们可以讨论同一平面和同一尺度上的相对性，如果把不同历史阶段和意识的不同发生阶段的东西纳入同一平面来讨论，并言明其相对性，则导致的是陷入怀疑主义的不可知论的结局。即这种相对主义不承认有真正的认识存在，除了"相对"本身以外，并没有什么真理性的认识。最终，这种含混的相对主义的结局就是自相矛盾，自相矛盾的结局就是放弃认识，而放弃认识自然就导致了与不可知论一样的结局。然而，不同历史阶段的客体，在不同的阶段所包含的东西可能是不一样的，意识的不同发生阶段的客体也是如此，所以，其整体形式的相对性无法准确地表明其所指涉的内容的相对性。前后不同阶段的相对或对立要考虑其内容的组成，

---

① 《马克思恩格斯文集》（第9卷），北京：人民出版社，2009年，第96页。
② 《马克思恩格斯文集》（第9卷），北京：人民出版社，2009年，第97页。

或者说，要考虑其现实的成分。因此，我们要避免把真理与谬误之间的对立统一理解为相对主义，这种情形在现阶段的理论研究中并不少见。由于缺少对真理与谬误、客体与主体的客观有效的分析，人们对这些范畴或概念的含义是含混不清的，这就更促成了人们对这些概念做出相对主义的理解，也把辩证法误解为相对主义。相对作为理解和认识的一种形式，对它的使用和理解都应该谨慎。

结　论

我认为，胡塞尔现象学与马克思主义认识论看似属于不同的理论系统，实则蕴含着共同的目的和矛盾。共同之处是它们的目的都在于解释人类的认识活动，不同之处是前者致力服务于精密科学，后者服务于世界观哲学。通过对胡塞尔现象学的研究，我认识到，胡塞尔在认识论研究的方法上最终诉诸内在的直观和建构，以此获得绝对清晰的基础性认识，用来解释逻辑及知识的发生、发展过程，继而就可以进一步解释精密科学的基础和形成过程。与之相应地，马克思主义认识论如何服务于世界观哲学的建构就成为值得研究的问题。这种服务一则是以发展的眼光看待认识和社会变化问题，否定了静止的、片面的形而上学的世界观；二则强调认识与实践的结合，从而为认识的合法性给出了评价方式，真理和价值在这之中是统一的。

从现象学的观念看，马克思主义认识论中有很多问题也为现象学所研究，通过对马克思主义认识论问题的深层追问，也可以导向现象学研究，这是进入现象学的一条道路。还有两条我在之前的研究中已论述过：一条是认识批判的道路，一条是现象学心理学的道路。

马克思主义认识论作为认识论思想，包含多个马克思主义者的认识论思想，其既吸收了古代认识论和近代认识论的思想，秉持了其中的一些看法，也尝试了对这些思考予以突破和驳斥。这些认识论思想中没有很微观的论述，对其进行深入理解是不容易的事情，因此，我们的研究带有"增补"解释的性质。

　　我在对本书涉及的问题的研究过程中，得到了一个很可能算是微不足道的看法：马克思主义认识论是外在认识论。这既是基于现象学认识论的研究得到的看法，也是结合近代认识论和古代认识论而形成的看法。柏拉图、洛克、贝克莱、休谟、孔狄亚克、布伦塔诺、胡塞尔的认识论，主要部分都属于内在认识论研究，而亚里士多德、笛卡尔、康德的认识论，主要部分都属于外在认识论研究。怀疑论也属于认识论，但这种认识论的实质是以内在否定外在，所以，最终是不可知论的认识论。这时候，有人会提出异议，说马克思本人在《关于费尔巴哈的提纲》中有过感性活动的论述，这明显是内在认识论的成分。但这样的论述只占很小的部分，他所要表明的是人的认识上的能动性，人的认识不是对事物的被动反映。其他马克思主义思想家对认识论的内在的论述，包括有系统性的认识论研究著作的狄慈根在内，也没有意识发生的论述，更多的是对认识活动的外在结构的论述。

　　正是对马克思主义认识论的研究，使我明晰地产生了内在认识论与外在认识论的区分，这也是我在消化认识论的历史研究时产生的理解方式。哲学史的研究常有人重复去做，但认识论的历史很少有人去梳理。科学的研究必然要去考察历史，因此，以一种更好的方式理解认识论的历史，是工作的必要思路。本研究在根本上仍然属于认识论的历史研究，因此，就需要从历史的角度上去整体理解它，以确定它的历史意义。这种区分方式我在以往的认识论研究中没有看到过的，但很难说就是我第一次使用的。认识论被误认为是从笛卡尔开始的，而实质上在笛卡尔之前，认识论还有两千多年的文献历史，目前也没有专门的文献梳理这一漫长的历史。就近代认识论而言，引介的数量也是有限的，很多认识论著作国内没有任何介绍。梳理认识论的历史是构建这门科学的基础工作，但在梳理之前，哪些思想内容属于认识论是需要研判的，这就需要我们找到一个全面的视角去看待认识论思想，以将更多的思想纳入这一研究之中。内在与外在的划分，恰好可以实现这样的目的。

这一区分对于认识论的历史研究还有如下两个方面的意义：

一方面，内在认识论与外在认识论的区分使我们能够进一步清晰地认识到以往认识论所争执的问题的实质是什么。有些争执其实是不存在的，因为面对的问题不一样，如休谟与康德之间的一些分歧，马克思主义认识论与唯心主义认识论之间的分歧。内在认识论与外在认识论的区分也使我们能够更为清晰地看到怀疑论的实质，怀疑论实质上是以内在的认识需求不断对外在的认识成果进行否定，这种否定不是真正地去否定认识，而是因为更高的认识需求导致的，但怀疑论者没有认识到自己的这一点，所以只是纠缠于对外在的认识的否定，而不是努力去推进自己的认识。

另一方面，内在认识论与外在认识论的区分使我看到了认识必然会有的整体推进形态。认识是从外在到内在，再从内在到外在的循环推进过程。任何外在的认识虽然尚未考察内在的意识问题，其实都关联着内在的意识问题，而任何内在的意识问题，必然也要借助外在的解释。马克思主义认识论必然也会认识到感性、理性、构造这些内在的问题，而胡塞尔在研究中也给出了意识类型的本质结构可以具有像自然客体的形式结构那样的东西，二者的差异在于理论目标或解决的问题不一样。

这是我尝试从现象学的理念出发研究马克思主义认识论的过程中得到的一点看法，希望同行们给出批评，以相互促进认识。

主题索引

人名索引

参考文献

一、主要参考文献

［1］［德］马克思著，中共中央马克思恩格斯列宁斯大林著作编译局编译：《1844 年经济学哲学手稿》，北京：人民出版社，2018 年。

［2］《马克思恩格斯全集》（第 25 卷），北京：人民出版社，1974 年。

［3］《马克思恩格斯全集》（第 39 卷），北京：人民出版社，1974 年。

［4］《马克思恩格斯全集》（第 41 卷），北京：人民出版社，1982 年。

［5］《马克思恩格斯全集》（第 45 卷），北京：人民出版社，1985 年。

［6］《马克思恩格斯全集·第 2 版》（第 30 卷），北京：人民出版社，2009 年。

［7］《马克思恩格斯文集》（第 3 卷），北京：人民出版社，2009 年。

［8］《马克思恩格斯文集》（第 9 卷），北京：人民出版社，2009 年。

［9］《马克思恩格斯文集》（第 10 卷），北京：人民出版社，2009 年。

［10］［德］恩格斯著，中共中央马克思恩格斯列宁斯大林著作编译局编译：《反杜林论》，北京：人民出版社，2018 年。

［11］［德］恩格斯：《路德维希·费尔巴哈和德国古典哲学的终结》，北京：人民出版社，2018 年。

［12］［德］恩格斯：《自然辩证法》，北京：人民出版社，2018 年。

［13］［苏］列宁：《唯物主义和经验批判主义》，北京：人民出版社，2015 年。

［14］《列宁选集·第2卷》（第3版），北京：人民出版社，2012年。

［15］《列宁选集·第4卷》（第3版），北京：人民出版社，2012年。

［16］《列宁全集·第55卷》（第二版增订版），北京：人民出版社，2017年。

［17］《斯大林全集》（第1卷），北京：人民出版社，1953年。

［18］《斯大林选集》（上卷），北京：人民出版社，1979年。

［19］《毛泽东著作选读》（下册），北京：人民出版社，1986年。

［20］《毛泽东文集》（第8卷），北京：人民出版社，1999年。

［21］杨东莼译：《狄慈根哲学著作选集》，北京：生活·读书·新知三联书店，1978年。

［22］《工人哲学家约·狄慈根》编写组：《工人哲学家约·狄慈根》，上海：上海人民出版社，1977年。

［23］联共（布）中央特设委员会编，中共中央马克思恩格斯列宁斯大林著作编译局译：《联共（布）党史简明教程》，北京：人民出版社，1975年。

［24］中共中央文献研究室编：《建国以来重要文献选编》（第10册），北京：中央文献出版社，1994年。

［25］［德］埃德蒙德·胡塞尔著，邓晓芒、张廷国译：《经验与判断》，北京：生活·读书·新知三联书店，1999年。

［26］［德］埃德蒙德·胡塞尔著，张廷国译：《笛卡尔式的沉思》，北京：中国城市出版社，2002年。

［27］［德］埃德蒙德·胡塞尔著，倪梁康译：《哲学作为严格的科学》，北京：商务印书馆，2007年。

［28］［德］埃德蒙德·胡塞尔著，王炳文译：《欧洲科学的危机与超越论的现象学》，北京：商务印书馆，2009年。

［29］［德］埃德蒙德·胡塞尔著，倪梁康译：《文章与讲演（1911—1921年）》，北京：人民出版社，2009年。

［30］［德］埃德蒙德·胡塞尔著，李幼蒸译：《形式逻辑和先验逻辑：逻辑理性批评研究》，北京：中国人民大学出版社，2012 年。

［31］［德］埃德蒙德·胡塞尔著，郑辟瑞译：《逻辑学与认识论导论（1906—1907 年讲座）》，北京：商务印书馆，2016 年。

［32］［德］埃德蒙德·胡塞尔著，倪梁康译：《逻辑研究》（两卷三册），北京：商务印书馆，2018 年。

［33］［德］埃德蒙德·胡塞尔著，倪梁康译：《现象学的观念》，北京：商务印书馆，2016 年。

［34］［德］埃德蒙德·胡塞尔著，王炳文译：《第一哲学》（下卷），北京：商务印书馆，2017 年。

［35］［法］笛卡尔著，庞景仁译：《第一哲学沉思集》，北京：商务印书馆，2012 年。

［36］［美］埃德温·阿瑟·伯特著，张卜天译：《近代物理科学的形而上学基础》，北京：商务印书馆，2018 年。

［37］［苏］巴·瓦·科普宁著，马迅、章云译：《马克思主义认识论导论》，北京：求实出版社，1982 年。

［38］［法］拉法格著，王子野译：《思想起源论》，北京：生活·读书·新知三联书店，1963 年。

［39］［波兰］莱泽克·科拉科夫斯基著，唐少杰译：《马克思主义的主要流派》，哈尔滨：黑龙江大学出版社，2015 年。

［40］黄楠森：《关于主体性和实践的几个问题》，《北京大学学报》（哲学社会科学版）1992 年第 1 期。

［41］黄楠森：《关于唯物辩证法的核心问题》，《社会科学战线》1993 年第 2 期。

［42］黄楠森：《列宁的〈哲学笔记〉对马克思主义哲学的重大发展》，《中国社会科学》1980 年第 6 期。

［43］金寿铁：《希望的视域与意义：恩斯特·布洛赫哲学导论》，北

京：商务印书馆，2016 年。

［44］李景源：《认识发生的哲学探讨》，北京：中国社会科学出版社，2016 年。

［45］［英］乔治·贝克莱著，关文运译：《人类知识原理》，北京：商务印书馆，2010 年。

［46］［澳］彼得·哈里森著，张卜天译：《科学与宗教的领地》，北京：商务印书馆，2016 年。

［47］［德］弗兰兹·布伦塔诺著，郝亿春译：《从经验立场出发的心理学》，北京：商务印书馆，2017 年。

［48］［爱尔兰］德尔默·莫兰著，李幼蒸译：《现象学：一部历史的和批评的导论》，北京：中国人民大学出版社，2017 年。

［49］［德］费希特著，王玖兴译：《全部知识学的基础》，北京：商务印书馆，1986 年。

［50］高岸起：《认识论模式》，北京：人民出版社，2010 年。

［51］高放：《马克思主义与社会主义新论》，哈尔滨：黑龙江人民出版社，2007 年。

［52］［美］赫伯特·施皮格伯格著，王炳文、张金言译：《现象学运动》，北京：商务印书馆，2011 年。

［53］李鹏：《马克思哲学的现象学思想研究》，北京：中央编译出版社，2014 年。

［54］李秀林、王于、李淮春主编：《辩证唯物主义和历史唯物主义原理》（第 5 版），北京：中国人民大学出版社，2004 年。

［55］刘贵祥：《马克思的感性活动论研究：一个生存现象学视角的探索》，北京：中国社会科学出版社，2016 年。

［56］［英］伯特兰·罗素著，黄翔译：《哲学大纲》，北京：商务印书馆，2014 年。

［57］［苏］罗森塔尔著，张光璐译：《什么是马克思主义的认识论》，

北京：人民出版社，1956 年。

［58］［英］约翰·西奥多·梅尔茨著，周昌忠译：《十九世纪欧洲思想史》（第一卷），北京：商务印书馆，2016 年。

［59］倪梁康：《现象学与心理学的绞缠：关于胡塞尔与布伦塔诺的思想关系的回顾与再审》，《同济大学学报》（社会科学版）2014 年第 3 期。

［60］倪梁康：《胡塞尔与海德格尔：弗莱堡的相遇与背离》，北京：商务印书馆，2016 年。

［61］倪梁康：《胡塞尔现象学概念通释》（增补版），北京：商务印书馆，2016 年。

［62］［俄］舍尔巴茨基著，宋立道、舒晓炜译：《佛教逻辑》，北京：商务印书馆，1997 年。

［63］［美］汤姆·洛克莫尔，郁欣译：《论马克思的认识论与现象学》，《广西大学学报》（哲学社会科学版）2015 年第 4 期。

［64］陶德麟：《实践与真理：认识论研究》，北京：人民出版社，2017 年。

［65］［英］特里·伊格尔顿著，李杨、任文科、郑义译：《马克思为什么是对的》，北京：新星出版社，2011 年。

［66］［苏］瓦·瓦·伏尔科娃著，王克千、严涵译：《约瑟夫·狄慈根》，上海：上海人民出版社，1962 年。

［67］王南湜：《论辩证法的三种形态》，《教学与研究》1998 年第 5 期。

［68］［德］文德尔班著，罗达仁译：《哲学史教程：特别关于哲学问题和哲学概念的形成和发展》（上卷），北京：商务印书馆，2017 年。

［69］吴晓云：《梅洛－庞蒂与马克思主义：从他人问题看》，北京：人民出版社，2016 年。

［70］夏甄陶：《认识论引论》，北京：人民出版社，1986 年。

［71］吴国盛：《究竟什么是科学》（上），《中国经济报告》2014 年

第 10 期。

［72］肖前主编：《马克思主义认识论研究与我国社会主义现代化建设》，北京：中国人民大学出版社，1986 年。

［73］谢太光：《反映论新形态：人类认识的生成和演变》，北京：人民出版社，2018 年。

［74］［古希腊］亚里士多德著，吴寿彭译：《灵魂论及其他》，北京：商务印书馆，2011 年。

［75］张庆熊主编：《现象学方法与马克思主义文选》，上海：上海三联书店，2014 年。

［76］赵智奎：《马克思恩格斯的科学社会主义学说及其当代启示》，《马克思主义研究》2011 年第 1 期。

［77］本书编写组：《马克思主义基本原理概论》（2015 年修订版），北京：高等教育出版社，2015 年。

［78］本书编写组：《马克思主义基本原理概论》（2018 年版），北京：高等教育出版社，2018 年。

［79］本书编写组：《马克思主义基本原理》（2021 年版），北京：高等教育出版社，2021 年。

［80］Barry Smart, *Sociology, Phenomenology and Marxian Analysis: A Critical Discussion of the Theory and Practice of a Science of Society*, London and New York: Routledge, 2015.

［81］Edmund Husserl, Einleitung in die Logik und Erkenntnistheorie, Vorlesungen 1906/07, in Ullrich Melle, *Hua XXIV*, Hrsg, Hague: Martinus Nijhoff, 1985.

［82］Edmund Husserl, Philosophie der Arithmetik: Logische und Psychologische Untersuchungen, in Lothar Eley, (*Hua XII*) Hrsg, Hague: Martinus Nijhoff, 1970.

［83］Edmund Husserl, Introduction to Logic and Theory of Knowledge:

Lectures 1906/1907, in Claire Ortiz Hill (trans.), *Husserl Collected Works Vol. XⅢ*, Dordrecht: Springer, 2008.

[84] Roslyn Wallach Bologh, *Dialectical Phenomenology: Marx's Method*, London and New York: Routledge, 2009.

[85] Shirley R. Pike, *Marxism and Phenomenology: Theories of Crisis and Their Synthesis*, London: Barnes and Noble Books, 1986.

二、其他参考文献

[1] 罗逊达尔著，张仲实译：《辩证认识论》，汉口：生活书店，1939 年。

[2] [苏] 安·瓦·沃斯特里科夫著，千山译：《马克思列宁主义的认识论》，上海：上海人民出版社，1956 年。

[3] [苏] 皮普内罗夫著，张世臣、张孟献译：《巴甫洛夫关于两种信号系统的学说与马克思列宁主义认识论》，北京：科学出版社，1956 年。

[4] [苏] B. 柯普宁著，赵修义、王天厚等译：《作为认识论和逻辑的辩证法》，上海：华东师范大学出版社，1984 年。

[5] [法] 茄罗蒂著，任华、苗力田等译：《马克思列宁主义认识论问题》，北京：生活·读书·新知三联书店，1958 年。

[6] 黄凤久、于恩滋：《什么是马克思主义认识论》，沈阳：辽宁人民出版社，1956 年。

[7] 李宗阳：《怎样认识客观世界：谈谈马克思主义认识论》，西安：陕西人民出版社，1957 年。

[8] 王若水：《马克思主义的认识论是实践论》，天津：天津人民出版社，1964 年。

[9] 宋育文：《辩证唯物主义认识论浅谈》，郑州：河南人民出版社，1980 年。

[10] 吴江：《认识论十讲》，上海：上海人民出版社，1982 年。

［11］黄春生：《〈资本论〉中辩证法、认识论、逻辑的同一性》，广州：中山大学出版社，1987 年。

［12］林京耀等：《马克思恩格斯认识论的形成和发展》，上海：上海人民出版社，1987 年。

［13］［苏］达拉索夫、契尔年柯著，唐合俭译：《列宁关于唯心主义认识论根源的学说》，北京：中国社会科学出版社，1987 年。

［14］刘德福等：《通向真理之路：马克思恩格斯认识论思想巡礼》，北京：求实出版社，1989 年。

［15］陆生苍：《论马克思主义哲学逻辑结构：兼评主客体认识论》，成都：四川省社会科学院出版社，1989 年。

［16］郭罗基主编：《马克思主义哲学认识论》，南京：南京大学出版社，1989 年。

［17］冯国瑞：《系统论、信息论、控制论与马克思主义认识论》，北京：北京大学出版社，1991 年。

［18］陈新汉：《马克思主义认识论与真善美》，上海：华东师范大学出版社，1993 年。

［19］胡世明：《当代视野中的马克思主义哲学认识论》，北京：中央文献出版社，2003 年。

［20］张江明：《社会主义辩证法与马克思主义认识论》，北京：中共中央党校出版社，1991 年。

［21］俞吾金：《马克思主义认识论研究》，北京：北京师范大学出版社，2012 年。

［22］欧阳康：《马克思主义认识论研究》，北京：北京师范大学出版社，2017 年。

［23］陈志良：《思维的建构和反思：重新理解马克思主义认识论》，北京：北京师范大学出版社，2017 年。

［24］［德］狄慈根著，杨东莼译：《人脑活动的本质》，北京：生

活・读书・新知三联书店，1958 年。

[25] 杨献珍：《辩证唯物主义的认识论是反映论》（活页文选第 291
号），福州：福建人民出版社，1955 年。

[26] 夏澍：《唯心主义的认识论根源和阶级根源》，上海：上海人民
出版社，1956 年。

[27] 王哲明：《辩证唯物主义认识论对实际工作的意义》，北京：北
京出版社，1956 年。

[28] ［苏］彼・斐・柯洛尼茨基著，刘群译：《辩证法、逻辑学和认
识论问题》，上海：上海人民出版社，1957 年。

[29] 黄楠森：《群众路线：辩证唯物主义的认识论》，石家庄：河北
人民出版社，1958 年。

[30] 潘富恩、瓯群：《中国古代两种认识论的斗争》，上海：上海人
民出版社，1973 年。

[31] 张汉云：《聪明才能哪里来：科学发现的认识论》，北京：教育
科学出版社，1980 年。

[32] 朱德生、张尚仁：《认识论史话》，南京：江苏人民出版社，
1982 年。

[33] 陈昌曙：《自然科学的发展与认识论》，北京：人民出版社，
1983 年。

[34] ［苏］科诺瓦洛娃著，杨远、石毓彬译：《道德与认识：对现代
资产阶级伦理学认识论基础的批判》，北京：中国社会科学出版社，
1983 年。

[35] ［日］岩崎允胤、宫原将平著，于书亭、徐之梦、张景环等译：
《科学认识论》，哈尔滨：黑龙江人民出版社，1984 年。

[36] 张恩慈：《认识论原理》，武汉：湖北人民出版社，1986 年。

[37] 崔自铎：《认识论研究》，北京：求实出版社，1986 年。

[38] 杨西光主编：《辩证唯物主义认识论探索：真理标准问题讨论

集》，北京：光明日报出版社，1987 年。

　　［39］李德顺：《价值论：一种主体性的研究》，北京：中国人民大学出版社，1987 年。

　　［40］胡万福：《论青年马克思：从认识论观点出发的解释》，武汉：华中师范大学出版社，1988 年。

　　［41］姜国柱：《中国认识论史》，郑州：河南人民出版社，1989 年。

　　［42］陶远华：《理智的困惑：当代社会科学的哲学困境及其认识论研究》，北京：东方出版社，1989 年。

　　［43］陶远华：《社会认识论引论》，昆明：云南人民出版社，1990 年。

　　［44］高文武：《认识活动论》，北京：人民出版社，1991 年。

　　［45］潘宝卿：《毛泽东认识论思想的产生和发展》，桂林：广西师范大学出版社，1990 年。

　　［46］宋立军：《认识论新探》，桂林：广西师范大学出版社，1990 年。

　　［47］何萍：《人类认识结构与文化》，武汉：武汉出版社，1991 年。

　　［48］任平：《广义认识论原理》，南京：江苏人民出版社，1992 年。

　　［49］许志功：《列宁认识论思想通论》，北京：解放军出版社，1992 年。

　　［50］陈铁民：《现代认识论研究》，厦门：厦门大学出版社，1993 年。

　　［51］李之钦：《简明通俗认识论》，兰州：甘肃人民出版社，1993 年。

　　［52］颜世元：《情感认识论》，郑州：河南人民出版社，1993 年。

　　［53］刘泽民：《超前认识论》，西安：陕西人民出版社，1994 年。

　　［54］刘啸霆：《个体认识论引论》，北京：中国经济出版社，1995 年。

　　［55］陈新汉：《评价论导论：认识论的一个新领域》，上海：上海社会科学院出版社，1995 年。

　　［56］陈新汉：《邓小平认识论思想论纲》，上海：上海人民出版社，2001 年。

　　［57］朱日复：《文艺认识论：从认识论视角探讨文学艺术的本质》，长沙：湖南文艺出版社，1995 年。

［58］廖小平：《道德认识论引论》，长沙：湖南教育出版社，1996 年。

［59］吴刚：《接受认识论引论》，北京：北京大学出版社，1996 年。

［60］陈金美：《主体性：在认识论的视野里》，长沙：湖南师范大学出版社，1998 年。

［61］杜雄柏：《现代认识论问题探索》，长沙：湖南师范大学出版社，1998 年。

［62］何云峰：《从普遍进化到知识进化：关于进化认识论的研究》，上海：上海教育出版社，2001 年。

［63］姜井水：《现代科学辩证法与现代科学认识论》，北京：学林出版社，2003 年。

［64］石向实：《认识论与心理学》，北京：东方出版社，2006 年。

［65］胡寿鹤：《认识和评价》，圆觉之光出版社，2008 年。

［66］刘振海：《认识论探索》，北京：北京师范大学出版社，2008 年。

［67］周祥森：《反映与建构：历史认识论问题研究》，开封：河南大学出版社，2010 年。

［68］温增勇：《系统效用认识论》，北京：中国书籍出版社，2012 年。

［69］王永昌：《实践活动论》，杭州：浙江大学出版社，2016 年。

［70］李景源：《认识发生的哲学探讨》，北京：中国社会科学出版社，2016 年。

［71］李士坤：《历史认识论研究》，北京：中国社会科学出版社，2017 年。

［72］欧阳康：《社会认识论导论》，北京：北京师范大学出版社，2017 年。

［73］邓晓芒：《实践唯物论新解：开出现象学之维》（增订本），北京：文津出版社，2019 年。

［74］［英］维特根斯坦：《逻辑哲学论》，韩林合编译：《维特根斯坦文集》（第 2 卷），北京：商务印书馆，2019 年。

后　记

　　本书是我尝试以现象学观念研究马克思主义认识论的一部专著，底稿是我 2017 年主持的贵州省哲学社会科学基金项目的结项成果。我到现单位工作后，学院热忱支持教师学术著作出版工作，使我这部书稿有幸得以早日交付出版社。交付出版社前后，我对文字进行了通顺，观点和思考没变。

　　研究者应该综合考虑研究领域的普遍问题，然后予以细节上的深化，最终做到整体与部分的贯通，才能更好地服务科学研究和社会生活。马克思主义思想中的认识论问题恰恰就是一个普遍问题，人们对此各执己见，但争执的存在恰恰说明普遍性问题的存在，即人类的认识活动究竟是怎么一回事，只要搞清楚了这回事，争执自然就消失了。这并不是说我完全搞清楚了这回事，而是说我在现有的思想基础上对此问题算是有了整体的把握，明白了整体的认识架构和进一步要解决的问题。

　　胡塞尔的现象学方法，即现象学还原和本质直观的方法，对认识活动的研究具有借鉴意义。如果我们把它与自然科学经验主义方法相比，可以说它就是意识自身把握意识自身的方法。但我认为，在方法上我们还可以突破，对内在的意识活动的描述方法，应该建立一些基本的模型，这样才便于更好地表达和理解内在的描述。在认识论研究的关键要素上，我认为表象是研究的突破点，这个突破点比意识要更具体一些。在解决这个突破点的过程中，我们基于对表象的明晰认识，逐渐拓宽且细化对意识活动其他内容的认识。在由内向外地构建系统的认识论框架时，也应该以表象为关键的支撑要素，由表象向上构造已有的认识过程，由表象向下深挖表象的形成过程，直到发现更为关键的认识构成要素为止。科学化的认识论研究应该按照这种方式逐步推进。

本研究中我看到了内在认识论与外在认识论划分的意义，我初步构想了它们之间的关系，但对其具体环节还没有详细思考，希望在将来的研究中能得到处理。由此也产生了内在科学与外在科学的划分，相应地就产生了内在的自然科学与外在的自然科学、内在的行为科学与外在的行为科学的区分，这实质上涉及的是对整个人类知识系统进行重新分类的问题。对这两个问题和认识论之原理的思考，是我认识论研究的一个新目标。

本书强调和剖析了我自己的一些研究方法和思想方法，这些剖析穿插在行文中，可能会使读者感到烦琐，但我认为这对理论建构工作是有益的。在以后的研究中，如果有时间，我会专门去讨论这些基本的方法。

本书稿完成后，山东交通学院郭继文博士、华中科技大学哲学学院舒年春博士、湖北民族学院贺方刚博士阅读后提出了宝贵的修改意见，我一一吸收并做了修改，在此特别表示感谢。

本书虽是辛苦之作，但还有不妥当之处，希望读者多提出批评和建议。联系方式：hetao@ jnu. edu. cn。

最后，感谢学院对本书出版工作的大力支持，感谢编辑黄颖为此书编校付出的辛劳，感谢家人对我学术工作的支持。

何　涛

2023 年 6 月于暨南大学